Das Frühlingsdéfilé.
Lithographie von Meunier,
Le Rire, 1905.

L'AMOUR VAINQUEUR... ...LES VICTIMES Dessin de G. MEUNIER.

Der gezeichnete Mensch

DER GEZEICHNETE MENSCH

Atze Dijkstra

Hermann Meyer
1. Bundesvorsitzender des Reichsbundes der Kriegsopfer, Behinderten, Sozialrentner und Hinterbliebenen e.V.

Wege zur gesellschaftlichen Eingliederung

Dr. Manfred Fink
Generalsekretär des Schweizerischen Invaliden-Verbandes und Präsident der FIMITIC (Weltverband der Behinderten)

Den Behinderten Mut machen

Regierungsrat Ing. Franz Leobacher
Präsident des Österreichischen Zivilinvalidenverbandes

Panta rhei – alles fließt!

Dr. Atze Dijkstra

Zu den Bildern

Ein Beitrag über das Internationale Jahr der Behinderten hinaus

'Der gezeichnete Mensch' entstand in Zusammenarbeit mit dem Reichsbund, dem Schweizerischen Invaliden-Verband und dem Österreichischen Zivilinvalidenverband sowie ANIB (Bund der Behinderten der Niederlande) im Rahmen des Internationalen Jahres der Behinderten 1981.

Dieses Buch wurde entworfen, produziert und finanziell möglich gemacht von Enterbooks B.V., Haarlem, Niederlande.

© 1981 'zu den Bildern' und Zusammenstellung: Dr. Atze Dijkstra, Leiden, Niederlande.

Die Urheberrechte der Bilder liegen bei den einzelnen Zeichnern und anderen Rechtsinhabern.

Die Reproduktion der Mehrzahl der Bilder ist unentgeltlich oder gegen ein bescheidenes Honorar gestattet worden.

Trotz intensiver Nachforschungen ist es nicht geglückt, alle Rechtsinhaber vor der Reproduktion um ihre Zustimmung zu bitten.

Jeder, der meint, Rechte geltend machen zu können, wird gebeten, mit Enterbooks B.V., Nijverheidsweg 1, 2031 CN Haarlem, Niederlande, Kontakt aufzunehmen.

Jeglicher, auch auszugsweiser, Nachdruck ohne Einwilligung des Rechtsinhabers ist untersagt.

ISBN 3-7795-7363-9

Vertrieb für die Bundesrepublik Deutschland:
Jugenddienst-Verlag, Postfach 200415, 5600 Wuppertal 2
Vertrieb für Österreich:
Oskar Höfels, Seilerstätte 18, 1010 Wien 1
Vertrieb für die Schweiz:
Athena AG, Langmattweg 36, 4123 Allschwil.

Gestaltung: Hans Spanjersberg GVN, Haarlem
Satz: Studiozetterij Eduard Bos, Amsterdam
Lithographie: Nefli, Haarlem
Druck: De Grafische, Haarlem
Buchbinderarbeiten: Callenbach, Nijkerk

Wege zur gesellschaftlichen Eingliederung 11

Den Behinderten Mut machen 19

Panta rhei – alles fließt 21

Zu den Bildern 24

Die Reihenfolge der Bilder nach Themen

1. Behinderung: Ursachen und Folgen 33

   Krieg, Alter, Krankheit *34*
   Diskriminierung *48*
   Gesellschaftliche Isolation *53*
   Wenn man Geld hat *56*

2. Lebensunterhalt 61

   Almosen *62*
   Bettler *66*
   Bettelnde Gruppen *72*
   Wohltätigkeit *78*
   Musikanten und andere *84*
   Menschen als Sehenswürdigkeiten *97*

3. Gezeichneter Spott 110

   Erotik *131*
   Der entlarvte Betrüger *135*

4. Gesellschaftliche Fürsorge 139

   Wohltätigkeit der Bürger *140*
   Fürsorge für Kriegsbeschädigte *145*
   Fürsorge für Behinderte *150*
   Reaktion und Kritik *154*
   Hoffnung und Religion *155*

5. Eingliederung in die Gesellschaft 164

   Gesellschaftliche Aufgeschlossenheit für Behinderte *165*
   Technische Entwicklung, bessere Hilfsmittel *169*
   Aktionen zur Durchsetzung von Rechten *171*

Register 176

Hermann Meyer

WEGE ZUR GESELLSCHAFTLICHEN EINGLIEDERUNG

Unsere so sehr auf Leistung und Wettbewerb ausgerichtete Gesellschaft ist nur dann eine menschliche Ordnung, wenn sie behinderten Minderheiten volle Achtung, volle Gemeinschaft und ein Höchstmaß an Eingliederung gewährt (Gustav Heinemann).

Der Titel dieses Buches fasziniert und bedrückt zugleich: 'Der gezeichnete Mensch' – Behinderte, wie sie mit dem Zeichenstift seit Jahrhunderten dargestellt und wie sie durch ihre Behinderung mit einem Kainsmal gezeichnet sind. Jawohl, Kain, der seinen Bruder Abel tötete und fürchtete, unstet und flüchtig durch die Welt irren zu müssen.

In dieser Geschichte aus den Anfangskapiteln des Ersten Buches Mose ist die Urangst des Menschen formuliert, aus der Gesellschaft ausgestoßen zu werden. Auch die alten Griechen wußten, daß der Mensch ein zoon politikon ist, daß er einen Platz in der Gesellschaft braucht, um menschenwürdig leben zu können.

Das Ringen der Behinderten um ihren Platz in der Gesellschaft ist Thema des vorliegenden Buches. Es ist auch Thema des Internationalen Jahres der Behinderten 1981, das in der Bundesrepublik Deutschland unter das Motto 'Einander verstehen – miteinander leben' gestellt wurde.

'Der gezeichnete Mensch' will kein Kunstband im herkömmlichen Sinne sein: Kein Buch, das man nur einmal durchblättert und dann für alle Zeiten in den Bücherschrank stellt. Dieses Buch enthält auch – ausgenommen Wilhelm Busch oder Heinrich Zille – kaum Darstellungen von Künstlern oder Werken, die dem Kulturerbe der Menschheit zuzurechnen wären. Sicher wäre es eine lohnende Aufgabe, Arbeiten z. B. von Hieronymus Bosch oder Francisco Goya bis hin zu Pablo Picasso oder Käthe Kollwitz unter dem Gesichtspunkt der Darstellung von Behinderten in einem Band zusammenzufassen. Aber das ist hier nicht beabsichtigt. Dieses Buch ist auch nicht großen Behinderten der Geschichte gewidmet, hießen sie selbst Bach oder Beethoven, Friedrich der Große oder Wilhelm II.

SCHEIN UND WIRKLICHKEIT

'Der gezeichnete Mensch' ist der behinderte Mensch im Alltag, dargestellt in der Gebrauchskunst der 'Massenmedien', also der Bücher und illustrierten Zeitschriften. Er ist in diesem Sinne mehr Dokumentation als Kunstband, denn aus dieser Art gezielter Darstellung treten uns ohne allzu große künstlerische Überhöhung die Zustände der jeweiligen Zeit unmittelbarer entgegen. Es wird der Kampf von Behinderten ums Überleben deutlicher hervorgehoben. Vorurteile und menschliche Bosheit, List und fast im wörtlichen Sinne nacktes Elend treten uns direkt gegenüber.

Ein Buch also, das zum Nachdenken anregen soll, das Fragen stellt, aber keine perfekten Antworten gibt.

Es ist ebenso ein Buch gegen eine gewisse Art von blinder Fortschrittsgläubigkeit. Es wendet sich gegen einen Fortschritt, dem die Lösung materieller Probleme und die Schaffung von Behinderteneinrichtungen genug sind. Der Mensch lebt nun einmal nicht vom Brot allein – auch der behinderte Mensch nicht. Er braucht, wie alle anderen auch, mitmenschliche Zuwendung. Er braucht eine Gesellschaft, die ihm sein unverwechselbares Leben in eigener Verantwortung ermöglicht.

Betrachtet man die Bilder unter diesem Gesichtspunkt genauer, so stellt sich schnell heraus, daß sich doch allzuviel nicht geändert hat, obwohl der erste Anschein das Gegenteil aussagt. Behinderte sind eine Art Gegenbild zu den herrschenden gesellschaftlichen Normen geblieben. Sahen vergangene Jahrhunderte Behinderte – mit Ausnahme von Kriegsbeschädigten – mangels ausreichender naturwissenschaftlicher Kenntnisse als 'Teufelsbrut', ihr Los also als gerechte Strafe Gottes für vermeintliche Sünden, so gelten in unserer Leistungsgesellschaft Behinderte als wenig leistungsfähig. In beiden Haltungen drücken sich Vorurteile aus.

Diese Vorurteile haben damals wie heute Konsequenzen. Sie liegen tief im Bewußtsein der Menschen. Nichtbehinderte fühlten sich früher den Behinderten überlegen, weil sie meinten, ein gottgefälligeres Leben zu führen. Heute fühlen sich Nichtbehinderte oft überlegen, weil sie das Leben allein meistern zu können glauben. Die Existenz von Behinderten gibt Nichtbehinderten ein Gefühl von Stärke, eine vermeintliche Berechtigung zur sozialen Kontrolle, zur Bevormundung. Vorherrschendes Gefühl für Behinderte ist ein Mitleid, das die Betroffenen nicht brauchen können.

Die Außenseiterrolle haben Behinderte noch nicht ablegen können. Sie dokumentiert sich in früheren Zeiten in der Zurschaustellung von Behinderten auf den Jahrmärkten. Das Sensationelle, das Außergewöhnliche diente der allgemeinen Belustigung. Heute findet niemand mehr den Anblick von Behinderten lustig, aber immer noch außergewöhnlich genug, um sie bisweilen auf der Straße gar nicht dezent anzustarren, worüber viele Behinderte klagen. Daß sie keinen 'Unterhaltungswert' mehr haben, hängt viel mehr mit der Entwicklung von Film und Fernsehen zusammen als etwa mit der höheren Einsicht der Menschen. Den Anblick von Not und Elend, von Gewalt und leidenden Menschen liefern die Rundfunkanstalten frei Haus, und wer möchte, kann sich sogar im Urlaub in fremden Ländern an dort herrschenden Mißständen ergötzen und das dann noch 'malerisch' oder 'abenteuerlich' finden.

Im Showgeschäft modernen Zuschnitts werden Behinderte nicht mehr gebraucht, deshalb werden sie auch schnell abgeschoben, um sich den Anblick zu ersparen. Viele Behinderteneinrichtungen liegen weit vom Schuß draußen im Grünen. Und beinahe jedesmal, wenn irgendwo eine Einrichtung geplant wird, erheben sich Proteste, die Behinderten doch nicht so dicht neben der eigenen Haustür unterzubringen.

Früher war es gottgefällig, ein Almosen zu geben. Der behinderte Bettler wurde zum Objekt der guten Tat, die nicht durchweg in erster Linie das Wohl des Nehmenden, aber immer das Seelenheil des Spenders fördern sollte.

Solche unmittelbaren Verpflichtungen zur Mildtätigkeit haben wir heute weitgehend an die Gemeinschaft abgetreten, an die Institutionen von Staat, Kirchen, Wohlfahrtsverbänden, wenn auch daneben das Einsammeln von Spenden als eine Art modernen Ablasses noch funktioniert. Aus dem Betteln um Almosen ist der Rechtsanspruch auf Hilfe geworden. Das ist gesamtgesellschaftlich gesehen sicher ein Fortschritt. Ob er das auch in den Augen eines Behinderten unbedingt ist, läßt sich gar nicht so leicht beantworten. Geht es ihm nicht oft so wie weiland dem jungen Mädchen, das aus der Abhängigkeit vom Elternhaus in die Abhängigkeit vom Ehemann flüchtete?

Vor die konkrete Hilfe im Einzelfall hat der Gesetzgeber die Überwindung bürokratischer Hürden gesetzt. Mußte der Behinderte früher beim edlen Spender 'Eindruck schinden', um ihn zu einer milden Gabe zu bewegen, so muß er heute auf amtlichen Formularen seinen Leidenszustand artikulieren. Ohne den richtigen Antrag mit Begründung läßt sich die staatliche Maschinerie nicht in Gang setzen. Wer diese Kunst des Umganges mit Behörden nicht beherrscht, läuft ebenso Gefahr, leer auszugehen, wie früher der Bettler, der die richtige 'Masche' nicht fand.

Früher ehrte ein großzügiges Almosen den Spender. Gab er zu wenig, setzte er seinen guten Ruf aufs Spiel, galt seinen Mitmenschen bald als Geizhals. Solche Erwägungen stellt die anonyme öffentliche Verwaltung nicht an. Ihr ist Sparsamkeit eher eine Tugend als Großzügigkeit. Wie der Almosengeber vergangener Zeiten sich vor betrügerischen Bettlern, die Behinderungen nur vortäuschten, zu schützen trachtete, wird heute allgemein der sogenannte 'Mißbrauch' der Sozialgesetze diskutiert. Die Sparmaßnahmen der öffentlichen Hand in der Wirtschaftskrise treffen in erster Linie die Schwachen im Lande, und dazu gehören die meisten Behinderten heute wie vor hundert oder mehr Jahren. Nicht sie selbst, sondern die Bürokratien, die Nichtbehinderten bestimmen über ihre

Bedürfnisse, entscheiden, wieviel sie zum Lebensunterhalt, zur Rehabilitation brauchen, oder besser: wieviel die Gesellschaft ihnen zubilligen möchte.

Auch in jenem Bereich, der sich ausschließlich den Behinderten widmet, der Rehabilitation, haben Behinderte Mühe, ihren Status als Objekt zu überwinden. Der Träger des Reichsbund-Rehabilitationspreises 1981, Dr. Friedrich-Wilhelm Meinecke, hat 1980 in einem Aufsatz für die Fachzeitschrift 'Rehabilitation' beredt Klage geführt und dazu aufgerufen, die Behinderten als Partner ernst zu nehmen und nicht ohne weiteres das Fachwissen der Experten über die freie Entscheidung des Betroffenen zu stellen. Dabei müsse freilich auch der Behinderte mitarbeiten. Anläßlich der Verleihung des Reichsbund-Rehabilitationspreises sagte Dr. Meinecke: 'Niemand, der beruflich in der Rehabilitation tätig ist, darf sich deshalb auch als Erziehungsberechtigter betrachten. Er ist nur ein Teil in einer Gruppe mit gleichem Ziel, zu der der Behinderte als gleichwertiger Partner und nicht als Objekt anderer gehört.'

MANGELNDES ÖFFENTLICHES BEWUSSTSEIN

Was hat sich geändert in der Epoche, die die bildlichen Darstellungen dieses Buches umspannen?

Absolute Armut, die die Behinderten in früheren Jahrhunderten mit anderen Bevölkerungsgruppen geteilt haben, gibt es in unserem Lande nicht mehr. An der allgemeinen Mehrung des Wohlstandes haben auch die Behinderten wenigstens soweit teilgenommen, daß die materiellen Grundbedürfnisse ihrer menschlichen Existenz gesichert sind. Was die Verteilung sozialer Chancen angeht, so stehen die meisten von ihnen immer noch auf der Schattenseite

des Lebens. Geändert hat sich auch die Organisationsstruktur der Gesellschaft: Individuelle Hilfe, gegeben als Almosen, ist durch institutionelle Hilfe mit Rechtsanspruch ersetzt worden. Der Sozialstaat ist für die Behinderten prinzipiell ein Fortschritt. Aber er hat nicht alle Defizite beseitigt, unter denen Behinderte seit je leiden.

Verbessert worden – und zwar entscheidend – sind die medizinischen und technischen Möglichkeiten der Rehabilitation. So ist beispielsweise die Lebenserwartung eines Querschnittgelähmten, die unmittelbar nach dem Zweiten Weltkrieg nur wenige Jahre betrug, der eines Nichtbehinderten weitgehend angenähert worden. Beinamputierte – ein weiteres Beispiel – werden nicht mehr mit einem Holzbein orthopädisch versorgt, sondern mit einer Prothese, die bei normalem Schrittempo keine Behinderung mehr erkennen läßt.

Manche der entwickelten technischen Hilfen sind allerdings nicht ganz unbedenklich: Sie erwecken den Eindruck, als gebe es eine Entwicklungstendenz bei den technischen Hilfsmitteln, den Schwerstbehinderten dereinst als Apparatebediener in einer aller persönlichen Hilfe baren Umgebung zurückzulassen – in der totalen Isolation. Dies kann und darf kein Ziel orthopädischer und technischer Hilfen sein, denn die Stärkung der Fähigkeit Behinderter, ein selbständiges Leben zu führen, muß auf das Leben in der Gesellschaft, auf das Leben unter Menschen gerichtet sein.

Die Pädagogik hat die Irrlehre von den nicht oder kaum bildbaren Behinderten auf den Müllhaufen der Geschichte geworfen und in einem breiten Spektrum die Sonderpädagogik entwickelt. Teils darauf aufbauend, teils daneben wurde die berufliche Rehabilitation ausgebaut.

Mit dem Fortschritt der Medizin, der Pädagogik und der Technik im Dienste der Rehabilitation hat das öffentliche Bewußtsein freilich nicht Schritt gehalten. Umfrageergebnisse belegen, daß in weiten Teilen der Bevölkerung recht unklare Vorstellungen über die Zahl der Behinderten, über Ursachen und Schwere von Behinderungen herrschen. Zwei Drittel der Befragten erklären, Behinderten gegenüber 'gehemmt' zu sein. Benachteiligt, einkommensschwach, schwach, bemitleidenswert, unproduktiv sind Merkmale, die Behinderten oft zugeordnet werden.

SONDERMASSNAHMEN

Wie erklärt sich die unterschiedliche Entwicklung mit guten Fortschritten bei der medizinischen und beruflichen Rehabilitation einerseits und der Stagnation der sozialen Rehabilitation andererseits?

Bert Brecht hat – dem Sinne nach – einmal gesagt, das Gegenteil von gut sei nicht schlecht, sondern gut gemeint. Dies mag auch für zahlreiche Anstrengungen zur Förderung von Behinderten gelten. Was sie im wörtlichen Sinne vereint, ist ihr Sonderdasein: Sonderkindergarten, Sonderschule, Berufsbildungswerk mit einer Sonderausbildung.
Durch Ausgliederung zur Eingliederung, scheint da die Devise zu sein.
Als Folge davon erleben Nichtbehinderte die Behinderten als etwas Besonderes. In der schon erwähnten Umfrage erklären nur 9 Prozent der Befragten, Behinderte für eine normale Erscheinung zu halten. Aber auch die Behinderten selbst erleben sich ausgesondert und bilden ein spezifisches

Bewußtsein. Dieses beiderseits ausgeprägte Bewußtsein, einander in nicht genau bestimmbarer Weise fremd zu sein, weckt Ängste und Hemmungen beim Umgang miteinander. Dies erschwert die gesellschaftliche Eingliederung der Behinderten.

Bei allem guten Willen, die Belange Behinderter etwa durch die Vermeidung von baulichen und technischen Hindernissen zu wahren, führt dieses Bewußtsein oft zu einer eigenartigen Verdoppelung baulicher Anlagen, selbst bei Neubaumaßnahmen: Neben die Treppe kommt eine Rampe für Behinderte, auf den Autobahnen steht das Schild 'Behinderten-WC' neben dem Hinweisschild 'WC'. Die Liste solcher Beispiele ließe sich verlängern.

BEHINDERTE BRAUCHEN EINE STARKE INTERESSENVERTRETUNG

Die hier nur kurz und nicht vollständig skizzierten Probleme der Behinderten gestern und heute machen deutlich, daß in der industriellen Massengesellschaft unserer Zeit eine starke Interessenvertretung der Behinderten durch eine unabhängige Organisation mehr denn je erforderlich ist, um öffentliches Bewußtsein für ihre Nöte zu schaffen und ihre sozialen Rechte durchzusetzen. Der Reichsbund der Kriegsopfer, Behinderten, Sozialrentner und Hinterbliebenen e.V. ist die älteste Behindertenorganisation der Bundesrepublik Deutschland. 1917 als Kriegsopferorganisation gegründet, hat er sich nach seiner Wiedergründung 1946 den Behinderten ohne Rücksicht auf Art und Ursache ihrer Behinderung geöffnet und dieses Prinzip der Finalität in seiner Sozialpolitik konsequent verfolgt, bis es der Gesetzgeber 1974 mit dem Schwerbehindertengesetz in die Tat umgesetzt hat.

Der Reichsbund hat sich stets als treibende Kraft für die Eingliederung der Behinderten in Arbeit, Beruf und Gesellschaft angesehen und daher im Wege der Selbsthilfe der Politik und der Gesellschaft den Weg zu weisen versucht. Seine Wohnungsbaugesellschaft ist ein Pionier auf dem Gebiet des behindertengerechten Wohnungsbaues; die Erholungsheime des Reichsbundes haben in bezug auf Behindertengerechtigkeit Maßstäbe gesetzt; mit dem Reichsbund Berufsbildungswerk Bremen, das im Internationalen Jahr der Behinderten 1981 vollendet wurde, entstand ein Modellvorhaben für die berufliche Erstausbildung junger Behinderter; 1982 wird in Berlin ein Gästhaus des Reichsbundes seiner Bestimmung übergeben, das als internationale Begegnungsstätte für Behinderte und Nichtbehinderte konzipiert ist.

Die sozialpolitischen Initiativen des Reichsbundes sind darauf gerichtet, die Lebenssituation der Behinderten in allen Bereichen zu verbessern und ihre Eingliederung zu fördern, damit jeder Behinderte seinen Platz in der Gesellschaft als geachteter und gleichberechtigter Mitbürger findet. Mit besonderer Sorge blickt der Reichsbund auf die Probleme des Arbeitsmarktes, wo sich seit 1974 die Zahl arbeitsloser Behinderter nahezu unablässig erhöht. Arbeitslosigkeit ist für alle Menschen, die davon betroffen werden, ein bedrückendes Ereignis. Viel schwerer aber wiegen noch die Folgen erzwungener Untätigkeit für den Behinderten: Für ihn ist Arbeit nicht allein Broterwerb, sondern ebenso eine Quelle des Selbstbewußtseins und leider oft genug der einzige dauerhafte Faktor der Eingliederung in die Gesellschaft. Umso mehr drängt der Reichsbund die Parlamente, Regierungen und Arbeitgeber, alles zu tun, um die Arbeitslosigkeit Behinderter zu mildern.

Härtesten Widerstand setzt der Reichsbund allen Versuchen entgegen, in der Behindertenpolitik das Rad der Geschichte zurückzudrehen. Sparmaßnahmen der öffentlichen Hand dürfen nicht dazu führen, daß die Kassenlage zum entscheidenden Faktor der Rehabilitation wird. Eine Sparpolitik, die die Rehabilitation einschränkt, ist volkswirtschaftlich und finanzpolitisch unsinnig. Sie ist darüber hinaus sozialpolitisch unverantwortlich. Durch wissenschaftliche Untersuchungen, die von den Vereinten Nationen unterstützt wurden, ist seit langem nachgewiesen, daß selbst kostspielige Rehabilitationsmaßnahmen für die Volkswirtschaft gute Zinsen tragen.

Von einer unverantwortlichen Sparpolitik gehen hohe Risiken aus, die keineswegs allein die Finanzwirtschaft betreffen. Auf dem Spiele steht vielmehr der soziale Friede. Wer ihn bewahren will, muß auch den Behinderten Gerechtigkeit widerfahren lassen.

Bei Veranstaltungen zum Internationalen Jahr der Behinderten hat sich mehrfach gezeigt, daß auch manche Behinderte ungeduldiger werden und mit massiveren Mitteln auf eine Verbesserung ihrer Lage drängen. Soweit dabei die Spielregeln der demokratischen Auseinandersetzung außer acht gelassen wurden, kann der Reichsbund die dabei gewählten Formen des Protests nicht billigen. Er steht aber voll hinter den erhobenen Forderungen. Er wird weiterhin auch mit diesen Gruppen geduldig das Gespräch suchen – schon deswegen, weil die Forderungen nach mehr Mitsprache durch die Betroffenen selbst ein wachsendes Selbstbewußtsein der Behinderten ankündigen. Dieses Selbstbewußtsein fördert der Reichsbund auch bei der Jugend im Reichsbund, die in zahlreichen integ-Clubs die Zusammenarbeit von behinderten und nichtbehinderten Jugendlichen anstrebt.

Die Politiker sollten die aufkeimende Protestbewegung unter Behinderten als ein Warnzeichen verstehen. Bei aller Anerkennung dessen, was Regierungen und Parlamente für die Behinderten an gesetzlicher Hilfestellung geleistet haben, sollten die Politiker den Unmut der Betroffenen nicht als Undankbarkeit werten. Denn eine solche Haltung wäre ein Rückfall in die Zeiten, als Behinderten noch Almosen gewährt wurden. Was die Behinderten anmahnen, ist der konkrete Vollzug ihrer verbrieften Rechte und der lautstark bekundeten guten Absichten der Politiker, ihnen eine menschenwürdige Existenz mit voller Teilhabe am gesellschaftlichen Leben zu sichern.

Wie in der Sozialpolitik für alle Behinderten, gilt die Sorge des Reichsbundes auch jedem einzelnen Behinderten mit seinen Alltagsproblemen.
In den Ortsgruppen und Kreisverbänden des Reichsbundes wird eine vielfältige Betreuungsarbeit geleistet, die der Eingliederung dient. Das Spektrum reicht einerseits von der Beratung des Behinderten bis zum Rechtsschutz zur Durchsetzung seiner Rechtsansprüche, andererseits von geselligen Veranstaltungen bis zu gemeinsamen Urlaubsreisen.

FRIEDENSARBEIT

Bei seiner Arbeit für die Behinderten und vor allem mit den Behinderten verleugnet der Reichsbund seinen Ursprung als Kriegsopferorganisation nicht. Den Kriegsopfern in aller Welt, in West und Ost – wie der Reichsbund durch seine internationalen Kontakte zu Kriegsopfer- und Behindertenverbänden weiß – liegt nichts so sehr am Herzen wie die Bewahrung des Weltfriedens und eine allgemeine, ausgewogene Abrüstung.

Frieden und Abrüstung, Völkerverständigung und friedlicher Interessenausgleich gehören zu den höchsten Zielen des Reichsbundes. Auch die Behinderten wissen, daß eine vorausschauende Sozialpolitik umso schwieriger wird, je mehr die finanziellen Mittel unserer Gesellschaft für Verteidigungsanstrengungen in Anspruch genommen werden. Die Behinderten in aller Welt haben deshalb das größte Interesse daran, daß das Wettrüsten der Militärblöcke beendet und eine kontrollierte Abrüstung eingeleitet wird. Ohne einen dauerhaften Weltfrieden ist eine menschenwürdige Gesellschaft für behinderte und nichtbehinderte Mitbürger nicht zu schaffen.

Das Vermächtnis des früheren Bundespräsidenten Gustav Heinemann ist noch nicht erfüllt. Dazu müssen noch viele Brücken über den Graben gebaut werden, der Behinderte und Nichtbehinderte in unserer Gesellschaft trennt. Möge dieses Buch manchen Brückenschlag erleichtern.

Manfred Fink

DEN BEHINDERTEN MUT MACHEN

Seit es Menschen gibt, gibt es auch Behinderte. Nach geschichtlichen Überlieferungen sind in der Antike Kinder, die an einem Geburtsgebrechen litten, nicht aufgezogen worden. Entweder starben sie kurz nach der Geburt an dem nicht behandelten Leiden oder sie wurden, wie dies in Sparta der Fall war, getötet. Von der Frühgeschichte bis ins hohe Mittelalter wurden Menschen, die an übertragbaren Krankheiten litten, in Siechenhäusern untergebracht und führten ein völlig isoliertes Leben. Kriegs- und Unfallbehinderte wurden noch am ehesten von der Sippe geduldet und fanden in der Großfamilie Unterkunft und Verpflegung. Die Großfamilie hat bis zum Entstehen der Sozialversicherung alle Verpflichtungen zugunsten Behinderter erfüllen müssen.

Wenn die Großfamilie das Prinzip der Solidarität verneinte und für Behinderte nicht mehr aufkam, waren diese für den Lebensunterhalt auf das Betteln angewiesen. Gelegentlich haben die Behinderten sich zusammengeschlossen und sind in Gruppen auf organisierten Bettel ausgegangen. Einzelne lernten Musikinstrumente und verdienten sich auf Jahrmärkten mit Drehorgelspiel und Gesang das Leben. Besonders schlimm war die Situation der Behinderten im 30jährigen Krieg. Sie kamen hier zu Tausenden um. Mit der Einführung der Manufakturen und in der Zeit des Frühkapitalismus und der damit verbundenen Arbeitsteilung wurden Vereine gegründet, die ohne Rechtsanspruch durch Wohltätigkeit Behinderten Hilfe zukommen ließen. Nach dem Entstehen der Arbeiterbewegung, insbesondere der Gewerkschaften, kamen in einzelnen Ländern, vor allem in Deutschland unter Bismarck, gesetzliche Vorschriften den Behinderten zu Hilfe.
Für Arbeitsunfälle erhielten sie einen Anspruch auf gesetzliche Leistungen. Erst Ende des 19. Jahrhunderts hat die Sozialversicherung einzelner Länder Arbeitsinvaliden und Kriegsversehrten einen besseren gesetzlichen Schutz eingeräumt. Die große Wende brachte der Erste Weltkrieg, als Hunderttausende von Kriegsteilnehmern als Schwerbehinderte nach Hause zurückkehrten. In den meisten Ländern, die im Ersten Weltkrieg Krieg führten, wurden zugunsten der Kriegsopfer gesetzliche Bestimmungen erlassen. Teilweise waren die Leistungen so gering, daß die Kriegsopfer weitgehend auf die private Wohltätigkeit angewiesen waren. Interessanterweise bestand der gesetzliche Schutz zur Hauptsache in Form von Leistungen für die Heilungskosten, Taggelder und Renten. Soweit sich der einzelne Behinderte beruflich nicht selbst eingliedern konnte, war er zur Untätigkeit verurteilt.

Erst nach dem Zweiten Weltkrieg kamen Bestrebungen in Gang, um die berufliche und gesellschaftliche Eingliederung der Behinderten voranzutreiben. Dieser Kampf geht immer noch weiter. Es ist auch heute sehr schwer, Schwerbehinderte beruflich und gesellschaftlich einzugliedern. Es hat sich jedoch gezeigt, daß behinderte Menschen, die rechtzeitig medizinisch versorgt und mit den richtigen Hilfsmitteln ausgestattet werden, sehr wohl gleichwertige Arbeit wie ihre gesunden Mitbürger leisten können. Wenn die Gesellschaft mithilft, durch die Vermeidung und den Abbau technischer und psychologischer Hindernisse den Behinderten besser zu integrieren, so sollte es möglich sein, auch Schwerbehinderten eine ihren Fähigkeiten und ihrer Behinderung angepaßte Lebensweise zu ermöglichen. Der vorliegende Bildband ist eine interessante Darstellung des Behinderten in den verschiedenen geschichtlichen Abläufen. Der Behinderte wurde als nicht gleichwertiger Mensch behandelt. Seine Lebensqualität litt darunter außerordentlich. Oft blieb einem Schwerbehinderten fast kein anderer Ausweg als ein Selbstmord. Die Diskriminierung zeigte sich auf allen Sektoren des Lebens.

Auch heute bestehen noch viele technische und psychologische Barrieren für Behinderte. Die Behinderten haben gelernt, daß die beste Hilfe die Hilfe zur Selbsthilfe ist. Sicher trägt die anläßlich des Weltjahres der Behinderten herausgegebene Sonderausgabe 'Der gezeichnete Mensch' dazu bei, die Mitmenschen zu mehr Solidarität anzuhalten. Unser Ziel ist es, die selbständige Lebensführung der Behinderten zu fördern und deren frühzeitige Institutionalisierung zu vermeiden. Bei allen Rehabilitationsbemühungen muß immer auf die Mitwirkung der Behinderten selbst hingewiesen werden. Es geht dabei nicht nur um die Existenzsicherung im ökonomischen Sinne, sondern um vermehrte Bemühungen, auch Schwerstbehinderten ein sinnvolles Leben zu ermöglichen. Möge der interessante Bildband 'Der gezeichnete Mensch' mithelfen, auch dem Behinderten Mut zu machen, seine Behinderung zu überwinden und sich voll in die Gesellschaft zu integrieren. Wir danken dem Verfasser für diese ausgezeichnete Arbeit und wünschen dem Buch 'Der gezeichnete Mensch' eine weite Verbreitung bei den gesunden und behinderten Menschen.

Franz Leobacher

PANTA RHEI – ALLES FLIESST!

Der Ausspruch des griechischen Philosophen Heraklit kommt uns immer wieder in das Bewußtsein, wenn man, wie das notwendig ist, in Zeitabständen die Probleme der Menschen, die schicksalhaft mit einer Behinderung belastet sind, analysiert. In unserer Zeit fließt alles schneller, d.h. daß sich die Veränderungen in immer kürzeren Abständen vollziehen und daß Entwicklungen in wenigen Jahren ablaufen, wozu früher Jahrhunderte notwendig waren. Diese Zeit bietet mannigfache Chancen auch für den Behinderten, birgt aber auch große Gefahren in sich. In unserer Zeit, in der das munter fließende heraklitische Bächlein auszuufern oder sich in einen reißenden Wildbach zu verwandeln droht, zeigen sich auch schon die Grenzen des Wachstums und der Expansion. Probleme, wie etwa die Eingliederung der Behinderten in den Arbeitsprozeß, die wir in der Zeit der Hochkonjunktur weitgehend gelöst zu haben glaubten, stehen wieder übermächtig scheinend vor uns und erfordern neue Überlegungen, Methoden und Aktivitäten.

Die Gelehrten haben versucht nachzuweisen, daß es ein ständiges Wachstum nicht geben kann. Die derzeitige rezessive Wirtschaft läßt ahnen, daß da schon etwas Wahres daran sein kann. Krampfhaft klammert sich die Menschheit an das Wachstum, auch wenn dadurch die Landschaft zunehmend verbetoniert, Luft und Wasser verschmutzt, die Wohnstätten der Menschen mit Lärm überdeckt, der ökologische Ausgleich in der Natur gestört und damit die Lebensqualität, ja sogar die Lebensgrundlagen in Frage gestellt werden. Auch die zunehmende Zahl der behinderten Menschen scheint ein Preis für Prosperität zu sein.

Beim Rückgang des wirtschaftlichen Ertrages setzt ein verschärfter Verteilungskampf ein. Dieser Rückgang läßt sich in den öffentlichen Haushalten eine Zeitlang durch Vorgriffe auf künftige Erträgnisse (Darlehensaufnahmen) überbrücken. Letzten Endes bleibt aber nur die Anpassung an die Erträgnisse, d.h. die Einsparung, und einige Staaten versuchen, damit beim vielfach vermeintlich für das Wachstum der Wirtschaft nicht so wichtigen Sozialetat beginnen zu sollen.
Die Auswirkungen eines massiven Eingriffes in die Sozialetats würden nicht nur den sozialen Fortschritt in Frage stellen, sondern durch die Verringerung einer breit gestreuten Kaufkraft auch auf die Wirtschaft verheerend sein.

Das Internationale Jahr der Behinderten 1981 fiel demnach in keine wirtschaftlich allzu günstige Zeit. Eine der Stoßrichtungen der Arbeit der Selbsthilfeorganisationen ergibt sich aus dieser Situation, nämlich darüber zu wachen, daß die berufliche Eingliederung der Behinderten in dieser Rezessionsphase nicht beeinträchtigt wird und nach wie vor geeignete Hilfen zur Selbsthilfe bereitgestellt werden.

Dieses Jahr gibt uns Menschen mit einer Behinderung aber auch ein anschauliches Bild über die Einstellung der sogenannten Nichtbehinderten zu den Problemen der Behinderten. Das Geschehen dieses Jahres gibt uns eine willkommene Gelegenheit, eine Zwischenbilanz aufzustellen, die aufzeigt, wie weit oder wie wenig weit wir mit unserem Bestreben, die volle Eingliederung auf allen Ebenen – also auch die gesellschaftliche Eingliederung – zu erzielen, gekommen sind.

Auf der Grundlage des Mottos des Weltjahres war für uns die Hoffnung berechtigt, daß durch die in diesem Jahr eintretenden zusätzlichen Maßnahmen und Aktivitäten nicht nur die wirtschaftliche Situation der Behinderten zum Besseren gewendet würde, sondern daß durch den Wunsch auf 'Volle Beteiligung und Gleichheit' die gesellschaftliche Eingliederung ein anschauliches Stück vorangetrieben werden könnte. Ja, wir waren so zuversichtlich zu glauben, daß durch die Auswirkungen des Jahres der Behinderten die durch Unwissenheit der Menschheit durch Jahrhunderte Bestand habende Warntafel 'cavete signatos' (Hütet Euch vor den Gezeichneten) nunmehr endgültig in der geistigen Müllgrube enden würde. Mitnichten. Wir werden darauf noch warten müssen, und es bedarf noch weiterer Aufklärungsarbeit.

Immer noch wird der behinderte Mensch unter dem Ideal der Leistungsgesellschaft des industriellen Zeitalters und weniger als Persönlichkeit beurteilt. Das Jahr der Behinderten hat viele Gruppen motiviert, die Behinderten in Skalen einzuordnen, sie nach sachlichen Gesichtspunkten zu katalogisieren, zu messen und zu kontrollieren. Die Skalen werden zergliedert nach Ursachen wie Krankheit, Unfall, Geburt, Vererbung usw. Immer wird von dem Leistungsideal ausgegangen, und der Mensch bleibt vielfach auf der Strecke. Ein Oberschenkelamputierter ist nicht ein gesunder Mensch minus einem Bein, sondern da kommen noch die Schäden dazu, die ein solcher Mensch durch die mangelnde Kommunikationsmöglichkeit mit den Mitmenschen erleidet. Er ist ein komplex Behinderter. Wird ein Vorzugsschüler nicht mehr umhegt als ein Schüler, der sich schwertut? Was machen die Medien für einen Aufwand mit Spitzenleistungen, und wie uninteressant sind noch so exzellente Leistungen von Behinderten oder das Heldentum von Eltern behinderter Kinder, die mit ihrem vollen Einsatz ein behindertes Kind erziehen und der Rehabilitation zuführen. Wie viel wird von Mitsprache der Behinderten gesprochen, und wie wenig fragt man sie wirklich um Meinung und Empfinden. Ja, die Zurückweisung berechtigter Forderungen, und wenn sie in noch so höfliche Worte gekleidet werden, muß sich beim Behinderten viel nachteiliger auswirken als bei den Nichtbehinderten. Was mag wohl in einem jungen Menschen vorgehen, wenn er behindert wird und sein Lebenspartner ihn verläßt, weil er nicht mehr dem Leistungsideal entspricht? Fragt denn jemand ein Mädchen, das einen Partner sucht und nicht findet, weil es nach heutigen Idealvorstellungen zu wenig attraktiv ist, wie es in ihrem Inneren aussieht und wie sie damit fertig wird? Ein Junge kann mit den Freizeitaktivitäten seiner Kameraden nicht mehr mit, weil er gehbehindert wurde. Wo bleibt die Gemeinschaft? Die Reihe solcher Beispiele ließe sich beliebig fortsetzen.

Was nun mit dem Internationalen Jahr der Behinderten angerissen wurde, gilt es aufzuarbeiten.

Da wir in Kulturstaaten leben, ist es keine Frage mehr, daß die ganze Gesellschaft, also alle Menschen, die Gesunden und die Behinderten, für die Lösung des Problems der Integration der Behinderten Verantwortung tragen. Die Verantwortung kann mit Geld allein nicht abgelöst werden, sondern es bedarf des persönlichen Einsatzes aller Mitbürger, wenn die Begegnung, das Gespräch und die Eingliederung in die Risikogemeinschaft Erfolg haben und Problemlösungen herbeigeführt werden sollen.

So wichtig die Eingliederung in die Arbeitswelt wie überhaupt der Rechtsanspruch auf eigenes Einkommen des Behinderten ist, so bedeutend die behindertenadäquate Anpassung der Umwelt, der Rechtsordnung und das Begünstigungswesen sind, eine der größten Aufgaben zur Problemlösung ist in den Blickpunkt gerückt. Die Aufnahme der Behinderten in die Gemeinschaft in allen Dimensionen kann nicht vom Staat durch Gesetze dekretiert, sondern nur gefördert werden. In einem großangelegten Bildungsprozeß müssen Gesunde und Behinderte, jeweils von ihrem derzeitigen Standpunkt aus, aufeinander zugehen und das gemeinsame Ziel, alle sozialen Randgruppen und damit auch die Behinderten in die Gesellschaft zu integrieren, anpeilen. Diese Bildungsarbeit muß im Kindergarten beginnen und sich über die Schule, Berufsausbildung und in der Erwachsenenbildung lebenslang fortsetzen. Diese Bildungsarbeit muß wohl die Sachkenntnis über das Behindertenproblem beinhalten, wesentlich ist aber die Herzensbildung. Im Wege der Erhöhung des Bildungsstandes wird die Zukunft für alle erhellt. Verständnis, Toleranz und Mitmenschlichkeit gedeihen umso besser, je höher der Bildungsstand eines Volkes ist.
In einer solchen Atmosphäre kann die Lösung des Behindertenproblems gefunden werden. Ein langer und mühsamer, aber nicht aussichtsloser Weg liegt vor uns.

Atze Dijkstra

ZU DEN BILDERN

In diesem Buch finden Sie Abbildungen von Leuten, die ihr Leben lang durch eine Körperbehinderung gezeichnet sind. Es behandelt Diskriminierung und Hoffnung, Isolation und Integration, Versorgung und Ausgeschlossensein, aber auch die Emanzipation des behinderten Menschen.

Behinderte Menschen sind jahrhundertelang in zahlreichen Zeichnungen, Bildern und Cartoons dargestellt worden. Es ist bemerkenswert, daß diese Abbildungen bis jetzt noch nicht in einer Übersichtsausstellung oder in einem Buch zusammengefaßt wurden. Über andere medizinische Themen wurde viel publiziert. Über viele solcher Themen gibt es regelmäßig Ausstellungen. In diesen Sammlungen und Publikationen ist man bis jetzt kaum auf die besondere Problemstellung des behinderten Menschen eingegangen.
Man könnte meinen, daß Invalidität sich für aufschlußreiche Bilder weniger eigne als andere spezifisch medizinische Themen.

Cartoons – als gezeichneter Spaß – werden fortwährend benutzt, um auch Mißstände im Gesundheitswesen unter die Lupe zu nehmen. Dasselbe gilt für das oft eigentümliche Arzt-Patient-Verhältnis, das sich manchmal auf erotischer Ebene bewegt oder von einem geheimnisvollen Hauch umgeben ist oder Angst vor überirdischen Kräften weckt. Es stellt sich jedoch heraus, daß es Bilder gibt, die auf faszinierende Weise das Problem der Behinderung beleuchten, oft treffender, als ein umfassender Text es in Worte fassen kann. Jedenfalls weniger nüchtern und trocken. Daß dieses Thema in der Geschichte der Heilkunst noch zu wenig Beachtung gefunden hat, könnte die Folge einer zu geringen Aufmerksamkeit der Heilkunde für den Behinderten sein. Dabei gibt es eine medizinische Fachrichtung, die sich mit der Rehabilitation von Körperbehinderten beschäftigt. Die Heilkunde beschäftigt sich indessen vor allem mit Kranken.

Für weit zurückliegende Zeiten ist die Geschichtsschreibung der Heilkunde vielfach auf das Studium von Werken der bildenden Kunst angewiesen. Eine Geschichte der Behinderten und der Rehabilitation ist indessen noch nicht geschrieben worden. Die Bilder könnten einen Beitrag liefern, um über deren Geschichte nachzudenken. Dieses Buch will keine kritische Studie sein, dazu fehlt es an Systematik. Für eine geschichtliche Abhandlung bedürfte es noch Jahre intensiver Forschung in Quellen und Archiven. Mit diesen Bildern ist beabsichtigt, eine Reihe von Aspekten des Lebens behinderter Menschen zu illustrieren.

Hierzu benutzen wir neuere und relativ alte Bilder. Eine Ordnung der Bilder nach verschiedenen Gesichtspunkten und Zeiträumen zeigt, daß manche Themen der Vergangenheit nicht an Aktualität verloren haben. Dies gilt zum Beispiel für das Thema 'Schwindel'. Forschungsmaterial aus dem 16. Jahrhundert zeigt, daß Invaliden ihre Behinderung nutzen mußten, um ein Almosen zu erhalten. Es gab sogar ein Buch mit praktischen Ratschlägen für den Bürger, wie man echte Behinderte von unechten unterscheiden könne. Schon damals sprach man über Mißbrauch von... ja, wovon eigentlich?

Die Bilder wurden in den letzten fünf Jahren auf Versteigerungen, Märkten und bei Antiquariaten erworben. Einige 'alteingesessene' Sammlungen waren zugänglich. Die meisten Bilder kommen aus Frankreich, ansonsten aus Deutschland, England und Holland. Es ist die Frage, ob die Bilder ein gutes Abbild dessen darstellen, wie man in den verschiedenen Ländern mit Behinderten umging. Mit Hilfe dieses Materials bleibt die Frage unbeantwortet.

Es fällt auf, daß die französischen Bilder eine große Vielfalt von Gesichtspunkten und Themen zeigen: Milder Humor, Sarkasmus, Leichtherzigkeit und Eleganz einerseits bis zum bitteren Ernst und Protest gegen Mißstände andererseits. Daß diese Vielfalt nicht in diesem Maße in anderen Ländern vorkommt, kann nichts über die Länder sagen. Eine systematische Forschung könnte belegen, daß auch in diesen Ländern, genauso wie in Frankreich, Invalidität ernsthaft und humoristisch, in Protest und spöttisch abgebildet ist.

Viele Bilder über Behinderte haben eine humoristische Funktion, viele sind aber mit ernsten Absichten gezeichnet. Sie enthüllen gesellschaftliche Situationen und entlarven diejenigen, die dafür verantwortlich sind. Gleichzeitig appellieren sie an die Solidaritätsgefühle gegenüber behinderten Mitmenschen. Welchen Eindruck diese Bilder auf den Betrachter machen, kann man schlecht voraussagen. Die meisten sind deutlich genug und bedürfen keiner näheren Erklärung. Jedes Bild hat seine eigene Botschaft. Daß die gezeichneten Themen, wie alt sie auch sein mögen, immer noch aktuell sind in diesem Internationalen Jahr der Behinderten, macht betroffen.

BEHINDERUNG: URSACHEN UND FOLGEN

Die Bilder zeigen die bekannten Ursachen von Behinderung: Armut, Unterernährung, Krankheit, Krieg. Wirtschaftliche Rückschläge und Kriege haben ihre Spuren durch die Geschichte gezogen, in ihrem Gefolge Hunger und Massenarbeitslosigkeit. Viele Menschen flohen das flache Land, um in den Städten Zuflucht und Lebensunterhalt zu finden. Dort war oft genug die Armenfürsorge ihre letzte Rettung. Die Schwächeren starben, die überlebenden Behinderten litten Entbehrung und Armut.

Die Kriegsbeschädigten wurden zwar mit offenen Armen aufgenommen, doch ihre Tapferkeit wurde selten honoriert. Mit einem Ehrenkranz konnte sich kein Amputierter fortbewegen. Erst nach dem Ersten Weltkrieg mit den Millionen Kriegsopfern kamen Bemühungen in Gang, die Kriegsbeschädigten als nützliche Glieder der Gesellschaft in das Wirtschaftsleben einzugliedern. Die Wissenschaft mußte Mittel finden und Übungsmethoden entwickeln, um Behinderte wieder in den Arbeitsprozeß aufzunehmen.

Viele Behinderte leben gesellschaftlich isoliert und werden durch die Mitmenschen diskriminiert. Heutzutage kommt offene Diskriminierung vielleicht nicht mehr so oft vor wie früher. Es war damals durchaus möglich, daß Hunde auf einen Krüppel gehetzt wurden, während der Bauer auf dem Felde ruhig seine Arbeit fortsetzte. Auch einen Buckligen, der sich als Stehpult verdingt, treffen wir nicht mehr an. Dennoch bleibt der Behinderte ein Außenseiter. Er existiert nun einmal, aber kaum jemand nimmt ihn wirklich im gesellschaftlichen Leben an.

LEBENSUNTERHALT

Die Begriffe Behinderte und Wohltätigkeit sind schon jahrhundertelang untrennbar verbunden. Bereits im Jahre 1610 wurden durch lokale Einrichtungen für die Versorgung Kranker Lotterien organisiert. In einem Gedicht, das die Lotterie ankündigt, wird ausführlich darauf hingewiesen, daß die Bibel für diesen Zweck das Glücksspiel erlaubt. Jede der vier Strophen endet auf:

'Denkt daran, es geht um unsere Nächsten, die auch leben müssen. Wer zu den Armen barmherzig ist, soll Gottes Gnade empfangen.'

Auch heute noch scheinen Wohltätigkeitsveranstaltungen nötig zu sein, um Mittel für Behinderte zu erlangen, an die man auf andere Art und Weise nicht herankommt.

Für Gebrechliche und Bedürftige war Betteln früher eine – oft die einzige – Möglichkeit, am Leben zu bleiben. Man bettelte allein oder in Gruppen. Manchmal zogen Bettlergruppen von einer Stadt zur anderen und von einem Wallfahrtsort zum anderen. Auch auf Jahrmärkten und Kirchweihen waren sie anzutreffen. In manchen Orten erhöhten sie ungebeten den Glanz von Familienfesten mit viel Lärm und musikalischen Darbietungen und wurden durch die betroffenen Familien schnellstmöglich mit großzügigen Gaben abgespeist.

Erst in diesem Jahrhundert hat sich der Staat für die Behinderten in beachtlichem Maße eingesetzt. Ihre materielle Lage hat sich relativ verbessert. Umherziehende Landstreicher, die Gebrechliche mitschleppen, passen nicht mehr in unsere Zeit. Das Almosen von einst wird durch eine Überweisung ersetzt. Es sind immer mehr Möglichkeiten geschaffen worden, um chronisch Kranke und Behinderte in Einrichtungen aufzunehmen. Viele finden, daß diese Möglichkeiten viel zu gut sind und bei weitem nicht gebraucht werden.

Früher wurde der Bevölkerung vorgehalten, mit welchen Tricks das bettelnde Volk den freigebigen Bürger zu betrügen wußte. Viele Bettler würden sich zu Unrecht als Epileptiker oder Aussätzige ausgeben. Es wurde ebenfalls davor gewarnt, daß absichtlich verstümmelte Kinder zum Betteln mißbraucht würden. Gebt dergleichen Menschen nichts, so lautete der Ratschlag.

Im Laufe der Jahrhunderte haben sich die Kirchen, das Bürgertum und später vor allem der Staat darum bemüht, die Nöte der Behinderten zu lindern. Welche Beweggründe dieser Hilfestellung und Fürsorge auch zugrunde lagen, es galt zu allen Zeiten die Auffassung, daß jeder, auch der Behinderte, für seinen Lebensunterhalt selbst Sorge tragen müßte. Simulanten wurden öffentlich an den Pranger gestellt und manchmal sogar mit körperlicher Verstümmelung bestraft.

Neben dem Betteln war das Vergnügungsleben eine Lebensgrundlage. Wir kennen den Buckligen, den Kleinwüchsigen und andere außergewöhnlich ausschauende Menschen oder 'freaks', die die Öffentlichkeit auf Jahrmärkten und Kirchweihen unterhielten. Extrem kleine, große und dicke Menschen waren gerngesehene Attraktionen. Manchmal wurden Vorstellungen an Fürstenhöfen und bei Wohlhabenden zu Hause gegeben.

Im alten Rom war es lange Zeit Mode, daß reiche Familien körperlich und geistig behinderte Menschen zu ihrer Zerstreuung ins Haus nahmen. Weil diese 'morio's', so hießen sie, gut versorgt wurden, verdingten auch andere sich auf diese Art und Weise. Für sie wurden auf dem Markt hohe Preise erzielt, die noch nicht einmal für Sklaven bezahlt wurden. 'Freaks' wurden und werden von vielen nicht als Menschen angesehen. Doch leben sie ihr eigenes Leben mit Normen und Werten, mit Gefühlen und Bedürfnissen, die sich im allgemeinen nicht viel von denen anderer unterscheiden. Daß sie oft der Menschlichkeit entkleidet werden, hängt damit zusammen, daß wir es nicht verstehen, mit Menschen umzugehen, die anders sind als wir.

Zu den Berufen, die ebenfalls durch Behinderte ausgeübt wurden, gehören die Sparten Schuhputzer, Losverkäufer, Straßenfeger und Musiker. Ein Behinderter kann von Glück sprechen, wenn er einen Beruf hat. Bekleidet er eine Spitzenposition, so erscheint das in der Zeitung. Es fällt auf, daß nahezu alle behinderten Musiker blind oder sehbehindert sind. Vielleicht liegt das daran, daß Blinde zum Ausgleich ihres fehlenden Sehvermögens besondere musikalische Talente entwickeln. Heutzutage sind Blinde auch als Telefonisten tätig. Der Korbmacherberuf, der kaum noch vorkommt, war ein speziell für Blinde bestimmter Beruf. Bucklige fungierten oft als Narren.

Von ihnen ließ man sich spottende Kommentare über die Lebensweise der Ansehnlichen gefallen.

GEZEICHNETER SPOTT

Denkwürdigen Ereignissen und Personen werden Zeichnungen und Karikaturen gewidmet. Gezeichneten Spaß oder Karikaturen findet man beinahe in allen Zeitungen und Zeitschriften. Einige reservieren hierfür selbst eine besondere Spalte oder Seite. Andere geben Zeichnern die Gelegenheit, Artikel mit einer treffenden Zeichnung zu illustrieren. Hewison, beschäftigt bei dem englischen Blatt 'Punch', bezeichnete unlängst die Karikatur als 'lange Abstandsverbindung zwischen zwei Menschen: dem Zeichner und dem Zuschauer, dem Possenmacher und dem Leser'.

Die meisten Cartoons sind wenig bedrohlich für bestehende Mächte, Positionen und Auffassungen. Manchmal zweifelt man, ob es sich um Humor handelt oder um ein Bild, das nur beiläufig gezeichnet ist. Darum müssen diese Rubriken in Zeitschriften bisweilen mit der Aufschrift 'Humor' oder 'Zum Lachen' versehen sein. Cartoons betreffen in der Regel Themen, die in einer bestimmten Situation aktuell sind, wie z.B. Umwelt, Wirtschaftskrise und Energiefragen. Themen wie z.B. 'Nacktsein' und 'eigenartige menschliche Gewohnheiten' gehören zu den Klassikern. Das gilt auch für das Arzt-Patient-Verhältnis. Sind die Zeichnungen zu kritisch oder beleidigend, werden sie nicht veröffentlicht, wenn ja, dann geben sie Anlaß zu bösen Reaktionen.

Über Invalidität und über Behinderte gibt es relativ wenige Karikaturen, die über dem Niveau eines faden Witzes liegen. Eine Zeichnung, in der jemand dem Blindenhund den Weg zeigt, führt prompt zu Protesten. Bedeutet das vielleicht, daß 'Behinderte' als Thema für einen Witz tabu sind?

In Witzen über Behinderte, denen wir bis jetzt begegnet sind, fanden wir die Themen bezeichnend dafür, wie man im täglichen Leben auf den Invaliden zu reagieren pflegt. Das Publikum versucht, sich erst ein Bild von der Art und der Schwere der Behinderung zu machen. Sichtbare Abweichungen vereinfachen es festzustellen, ob eine Behinderung vorliegt, obwohl viele Menschen sich inzwischen vorstellen können, daß es sehr ernste Abweichungen gibt, die äußerlich nicht zu bemerken sind. Menschen mit Herzerkrankungen z.B. fehlt augenscheinlich nichts. Sie dürfen sich indessen kaum anstrengen.

Vom wirklich Behinderten erwartet man, daß er seinen Platz in der Gesellschaft kennt. Zu selbständiges und mündiges Auftreten führt zu Reibungen und mißbilligenden Reaktionen. Es schickt sich nicht, daß ein Behinderter Hans Dampf in allen Gassen ist, zeigt ein Bild. Bescheidenheit ziert den Gebrechlichen. Was bilden sich ein Buckliger und ein 'Rollstuhlfahrer' wohl ein, sich mit einem echten Soldaten oder einem echten

Autofahrer zu vergleichen? Bei einem invaliden Kriminellen, der vom Rollstuhl aus einen Vorübergehenden mit einer Waffe bedroht, wissen wir uns keinen Rat.

Einige Bilder suggerieren, daß der Invalide ein Spielball sein darf, der von den Launen anderer abhängig ist. Es gibt Bilder, die der Jugend eine pädagogische Lektion erteilen wollen. Diese Lektion lautet, daß es nicht erlaubt ist, sich über die armen Schlucker lustig zu machen. Eine Tracht Prügel ist der verdiente Lohn für Nichtsnutze, die kein Mitleid kennen. Nicht mit allen Witzen über Behinderte ist eine moralisierende Botschaft verbunden. Einige lenken die Aufmerksamkeit auf besondere Gebrechen. Klassisch sind die Witze über Menschen mit einem Holzbein, die sich sichtlich die Frage stellen, auf welche Art und Weise sie sich noch einen schönen Schuh anmessen lassen können. Durch die Darstellung des Buckligen als Schurken oder als Type, die auf Sex erpicht ist, bekommen diese Leute einen schlechten Ruf.
Ein Beispiel des Selbstspottes ist das Bild des Kindes ohne Beine, zusammen mit seinen einbeinigen Eltern. Es ähnelt sowohl dem Vater als auch der

Mutter, aber letztendlich am meisten dem Vater, weil es ein Junge ist. Diese Art von Bildern, die den Selbstspott so nachdrücklich betonen, ist eigenartig.

GESELLSCHAFTLICHE FÜRSORGE

Persönliches Erbarmen mit dem Schicksal des Unglücklichen ist eine Tugend, die hoch geschätzt wird. In erbaulichen Schriften hält man der Jugend vor, sich zuvorkommend und anständig zu benehmen. Vor allem in der Lektüre des 19. Jahrhunderts findet man viele Anweisungen für den Umgang mit den schwächeren Mitmenschen. Der Junge, der dem verkrüppelten Mädchen eine prachtvolle Blume schenkt, die er selbst gerne behalten möchte, wird für seine Opferwilligkeit und seine Wohltätigkeit gelobt.

Neben den guten Werken einzelner Personen kennen wir die Fürsorge, die vom Staat und privaten Institutionen ausgeht. Es ist schon lange her, seit die ersten Anstalten für Aussätzige, Schwachsinnige und Kriegsbehinderte gegründet wurden. Im alten Athen bekamen die Bürger, die im Krieg Invaliden wurden, eine Pension, wenn sie unter einer bestimmten Wohlstandsgrenze leben mußten. International bekannt ist das 'Hôtel des Invalides' in Paris. Im Jahre 1606 wurde diese Anstalt gegründet, offiziell durch den König als Versorgungsanstalt den 'pauvres gentils-hommes, capitaines, soldats estropiés, vieux et caducs' (versehrten, alten, gebrechlichen Edelleuten, die verarmt waren, Kriegshelden und Soldaten) gewidmet. Es wurde ein Zentrum für diejenigen, die ihr Leben für die Verteidigung der Monarchie riskiert und einen nützlichen Beitrag auf den Schlachtfeldern geleistet hatten. Zur Zeit Napoleon Bonapartes war das 'Hôtel des Invalides' nicht groß genug, den vielen Kriegsbeschädigten eine Unterkunft zu bieten. Frankreich zählte damals 25 000 Invaliden.
Ungefähr 100 Jahre später, kurz vor dem Ersten Weltkrieg, lebten dort nur noch 17 Pensionierte. Damalige Pläne, dieses Institut aufzulösen, waren ein harter Schlag für die Bevölkerung von Paris. Hierdurch sollte eine Tradition von Edelmut, die drei Jahrhunderte alt war, verschwinden.

Für die Heilung von Krankheiten und Gebrechen sind Menschen bereit, alle erdenklichen Mittel in Anspruch zu nehmen. Diese Hilfe war und ist nie kostenlos zu haben. Viele verdienten daran ein reich belegtes Butterbrot, ungeachtet, ob sie einen anerkannten medizinischen Beruf ausübten oder zur alternativen Heilkunde gehörten.
Manche, die es sich finanziell erlauben konnten, reisten in mondäne Orte, die für ihre heilkräftigen Quellen und Schlammbäder bekannt sind.
Im vorigen Jahrhundert wurde es geradezu Mode, zur Kur zu gehen. In vielen Bädern, z.B. Friedrichsbad in Baden-Baden, ging es außergewöhnlich vornehm zu.

In unserer Zeit ist die Versorgung mit Arzneien, Therapien und anderen Hilfen immer weiter ausgeweitet worden. Unser Gesundheitswesen wird immer umfassender und ebenso sein Einfluß auf unser Leben. Inzwischen sind die Grenzen dieses Wachstums sichtbar. Die Kosten müssen beherrschbar bleiben und möglichst gesenkt werden. Manches, was dem Patienten hilft, wird nicht mehr so schnell verordnet wie noch vor einigen Jahren. Gleichzeitig ist spürbar, daß Patienten und Behinderte dem System der medizinischen Versorgung kritischer gegenüberstehen. Trotz des hohen Aufwandes sind die Ärzte bei einigen Krankheiten machtlos. Kranke und Behinderte, die nirgendwo mit Erfolg behandelt werden konnten, suchen gelegentlich Trost und Hilfe im Glauben. Wallfahrtsorte wie z.B. Lourdes, wohin auch Behinderte pilgern, sind Stätten der Hoffnung und eines Wunderglaubens, der hoffentlich nicht ungehemmt ausgebeutet wird.

EINGLIEDERUNG IN DIE GESELLSCHAFT

Da heutzutage überall viel unternommen wird, um das Zusammenleben von Behinderten und Nichtbehinderten zu erleichtern, kann man auch erwarten, daß allmählich viele bauliche und technische Hindernisse verschwinden und mehr strukturelle Vorkehrungen getroffen werden. Auf dem Gebiet der Gesetzgebung ist viel geschehen, um die Grundlagen für die Eingliederung der Behinderten in die Gesellschaft zu schaffen. Das gilt z.B. auch für das Arbeitsleben.

Viel wichtiger noch als die Aufstellung formaler Regeln ist es, daß der Behinderte, der in mancher Beziehung anders ist, persönlich als gleichberechtigter Mitbürger und Kollege angesehen wird. Bevor es soweit ist, müssen noch viele Vorurteile ausgeräumt werden. Solange Vorbehalte bestehen, daß behinderte Arbeitnehmer weniger leisteten und öfter krank seien als andere, kann man nicht von einer echten Integration sprechen.

Ein Gebiet, auf dem Behinderte immer mehr von sich reden machen, ist der Sport. Wer hätte vor bald hundert Jahren daran gedacht, daß, als im Jahre 1895 in Paris auf dem Marne-Boulevard ein öffentlicher Leichtathletik-Wettkampf für Männer mit Holzbeinen veranstaltet wurde, jemals eigene Olympische Spiele für Behinderte kommen würden?

Der Behindertensport erfüllt für die Betroffenen sehr wichtige Aufgaben: Das Training der verbliebenen Körperfunktionen, um ausgefallene Funktionen besser und dauerhafter kompensieren zu können, ist nur die eine Seite der Medaille. Die andere Seite ist die Freude an der Bewegung, der Stolz auf die eigene Leistung, der das Selbstbewußtsein hebt und Behinderte oft zu Spitzenleistungen treibt.

Trotz mancher guter Ansätze auf dem Felde von Freizeit, Erholung und Unterhaltung bereitet der Sektor der gesellschaftlichen Eingliederung immer noch die größten Schwierigkeiten. Die Hemmnisse einer noch wenig behindertengerechten Umwelt – von den Verkehrsmitteln bis zu den Baulichkeiten – wirken sich hier aus. Auch wenn Verkehrswege und Gebäude

behindertengerecht gestaltet sind, führen landläufige Vorurteile immer wieder zu Rückschlägen.

Früher mußten Behinderte in separaten Gruppen reisen und in besonderen Unterkünften untergebracht werden. Heutzutage gibt es Hotels, wo das Rollstuhlfahrersymbol eine behindertengerechte Bauweise anzeigt.
Doch verläuft die Entwicklung auf dem Gebiet der Touristik nicht ohne Probleme. Es gibt noch viele Menschen, die unangenehm berührt sind, wenn sie entdecken, daß in ihrem Hotel auch eine Gruppe Behinderter untergebracht ist. In leider wenig guter Erinnerung ist der Prozeß, den eine deutsche Urlauberin gegen den Reiseveranstalter angestrengt hat, weil sie durch die Anwesenheit einer Behindertengruppe im Hotel den Urlaubsgenuß beeinträchtigt sah. Dieses Verfahren, das sie gewann, hat nicht nur in unserem Land Entrüstung ausgelöst.

Trügen die Zeichen auf den Zeichnungen nicht, dann stellen wir fest, daß der Behinderte allmählich als Mitbürger akzeptiert wird, freilich immer noch unter der Voraussetzung, daß er sich so wenig wie möglich unter die Menschen begibt, die sich als 'normal' ansehen. In diesem Zusammenhang müssen wir unser Interesse auf die neuesten technischen Erfindungen lenken, durch die Behinderten und Älteren länger ein eigenständiges Leben in der gewohnten Umgebung ermöglicht wird. Diese technischen Entwicklungen und der Einsatz der zur Verfügung stehenden Hilfsmittel können die Lebensqualität der Behinderten erhöhen. Es ist zu hoffen, daß die Anstrengungen in Wissenschaft und Technik in den kommenden Jahren zu noch praktischeren industriellen Lösungen führen, die das tägliche Leben der Menschen mit Funktionsstörungen erleichtern können.

Wir müssen nun aufpassen, daß in einer Periode des konjunkturellen Rückgangs unserer Wirtschaft nicht am verkehrten Ende gespart wird. Dadurch könnte die Gefahr entstehen, daß die schwer erkämpften materiellen Sicherheiten für die Behinderten allmählich wieder abgebaut werden. Die geballte Faust des Rollstuhlfahrers ist ein sichtbares Zeichen, das uns alle daran erinnern soll, im Zusammenleben von Behinderten und Nichtbehinderten Solidarität zu üben.

1

BEHINDERUNG: URSACHEN UND FOLGEN

Krieg, Alter, Krankheit
Diskriminierung
Gesellschaftliche Isolation
Wenn man Geld hat

Krieg, Alter, Krankheit

1. Nur schade, daß der Sieg so teuer erkauft ist. Lithographie von A. Roubille, o.J.

2. 'Ich hatte gehofft, daß sie mich entlassen, und nun haben sie mich nur als Henker für den Zivildienst angefordert.' Lithographie von Th. Th. Heine, Simplicissimus, 5. März 1915.

Krieg, Alter, Krankheit

1. Invaliden des Deutsch-Französischen Krieges ziehen an der 'Gare de Strasbourg' in Paris ein, von Mitgliedern des Roten Kreuzes begleitet.
Holzschnitt von G. Durand, Illustration Européenne, 1870/1871.

2. 'Was willst du mehr, Giuseppe, hat man uns nicht gleich gesagt, daß wir den Lohn unserer Tapferkeit im Handumdrehen ernten würden?'
Lithographie von E. Schilling, Simplicissimus, 7. August 1917.

3. Zeichnung von Mathias, Punch, aus: W. Hewisons 'The Cartoon Connection'.

9. Jahrgang — Preis 20 Pfg. — **Nummer 38**

SIMPLICISSIMUS

Abonnement vierteljährlich 2 Mk. 25 Pfg. — Billige Ausgabe

Illustrierte Wochenschrift

Bayr. Post-Zeitungsliste: No. 834 — Billige Ausgabe

(Alle Rechte vorbehalten)

Es werde Licht

(Zeichnung von Bruno Paul)

Aus Berlin kommt die erfreuliche Nachricht, daß nun öfter Majestätsbeleidiger begnadigt werden sollen. Bis jetzt ist in einem Falle dieses schöne Recht der Krone ausgeübt worden. Der Invalide Robert Krause, welcher bei einem Hoch auf den Kaiser sich nicht erhoben hatte und hierwegen zu zwei Jahren Zuchthaus verurteilt worden war, ist nach Verbüßung von acht Monaten auf freien Fuß gesetzt worden. Allerdings hatte sich auch herausgestellt, daß Krause sich überhaupt nicht erheben konnte, da er beide Beine in der Schlacht bei Sedan verloren hatte.

1. Lithographie von Bruno Paul,
Simplicissimus 9, Nr. 38, 1904.

2. *Ein Krückstock aus Lorbeeren erscheint mir nützlicher, Herr General!*
Lithographie von André Hellé,
Le Rire, 20. Juni 1908.

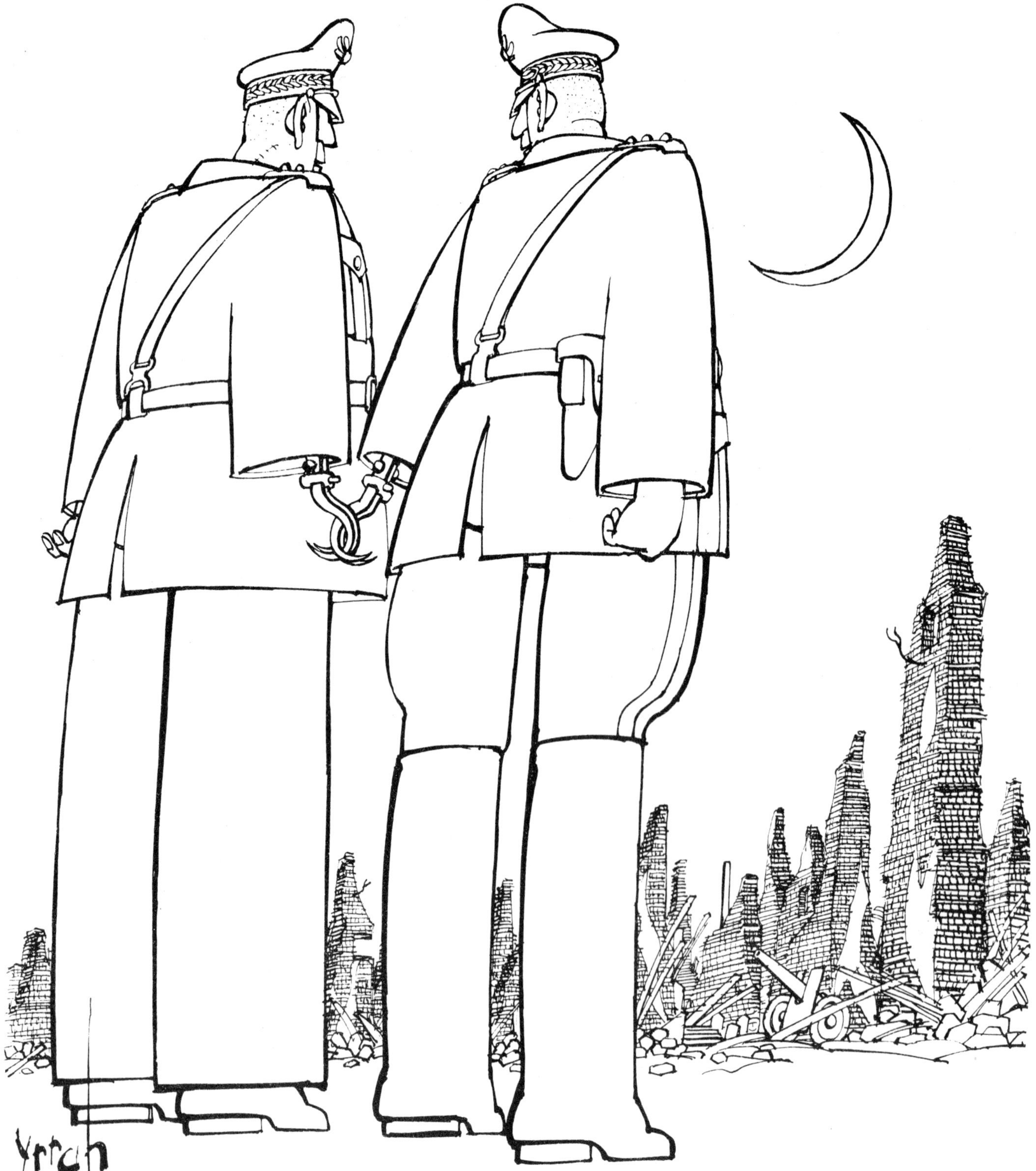

1

Krieg, Alter, Krankheit

1. Zeichnung von Yrrah, Vrij Nederland, 20. Juni 1981.

2. Heimkehr aus dem 1. Weltkrieg, (Der Spätheimkehrer). Lithographie von A. Paul Weber, Die Parade, o.J.

Krieg, Alter, Krankheit

Der Zauberteich, LIFE, 1927.

MASQUES ET VISAGES

Par Gavarni.

LES INVALIDES DU SENTIMENT

10

Le Chevalier Desgrieux.

Krieg, Alter, Krankheit

1. Lithographie von Paul Gavarni, 1850.

2. 'Der Winter des Lebens. Der arme Versehrte, alt geworden und vielleicht dazu gezwungen, seinen kärglichen Anteil durch die Wohltätigkeit anderer zu empfangen...'
Zeichnung von I. Israëls, Lithographiert von H. A. C. Dekker, 1903

1. Holzschnitt aus 'La Vie normale et la Santé' von J. Rengade, 1881.

2. Der Tröster.
'Schenk ein, Kanaille, ich bezahle ihn doch, den Saft aus dem Fäßchen. Ich bin einer von den Typen von Musset..., ich muß trinken, um das zu vergessen.'
Lithographie von S. Lengo, l'Assiette au Beurre, 1904.

Krieg, Alter, Krankheit

1. Lithographie nach einer Zeichnung von Alexander Verhuell, 1860.

2. Zeichnung von Stefan Verwey, De Volkskrant, 29. Oktober 1976.

Diskriminierung

3. Lithographie nach einer Zeichnung von Alexander Verhuell, 1860.

4. Die größte Distanz wahrt natürlich der Behinderte. Holzschnitt von Castelli, Journal pour Tous, 1882.

DE BELGISCHE ILLUSTRATIE

ZONDAGS-LECTUUR VOOR ALLE STANDEN.

N°. 29. 1869/70

HOOFDBUREAU VAN
DE BELGISCHE ILLUSTRATIE
BIJ
J. P. VAN DIEREN & C°.,
Groenplaats 14 te Antwerpen.

ONDER HOOFDREDACTIE VAN
AUG. SNIEDERS Jr. en H. A. BANNING.
MET MEDEWERKING VAN
Dr. J. REN. SNIEDERS, L. VAN RUCKELINGEN
en andere vlaamsche letterkundigen

Elk vel van 8 pag. kl. folio
kost slechts **15 Centiemen.**
Men schrijft in voor een geheelen jaargang bij alle
Boekhandelaren en bij de Directie.

INHOUD : De loopende lessenaar. — Iets over de klokken. — Het geslacht Borghese. — Naar Cayenne, voordrachten gehouden in verschillende kringen, door Aug.t Snieders, Jr. — De groote Ier. — Een winterreisje in Duitschland, door Victor de Veen. — Het biddende kind.

DE LOOPENDE LESSENAAR.

(Eene variatie.)

Er leefde in de hoofdstad van Holland voorheen
  Een jeugdig, springlevendig joodje;
Zijn rug, favoriet der natuur, naar het scheen,
  Boogde op een uitstekend cadeautje;
Het schelpje was leelijk, onoogelijk min;
Maar o! wat lief pareltje straalde daar in.

»Wat draait de fortuin in de wereld toch gek!
»Khijk, de overvloed throont op mijn schouders,
»En heel mijn famielje heeft sjovel gebrek....
»De rugsteun wil 'k zijn van mijn ouders,
»Mijn last zal verlichten den last die hen drukt!
»Ghesmuld zal er worden as 't plannetje lukt!"

»Niet rond is mijn bochel, maar ziemelich plat,
»Niet horisjontaal, maar wat hellend —
»Nah moos zal 'k verdienen, 'k maak veel mazematt'!"
  Zoo sprak Jaapje Blok heilvoorspellend.
Ook hij kende 't *knobbelsystema* van Gall?..
Een antwoord hierop voert te ver ons van wal!

Zijn moeder moest koesjes en duivekers vlug
  Vermaken zijn sabbatsche jasje:
»Naai, memmele, zakjes precies op den rug,
»Hier rechts en daar links van mijn kasje:
»In 't één berg je intkoker, ouwels en pen —
»In 't ander pampier net zooveel as je ken!"

Nah! klaar is het jasje en Jaap schiet het aan,
  En loopt op de beurs speculeeren:
»Drie cjenten een brief! Khomt achter mij staan
»Daar vind-je 't bureau, mijne heeren!"
Probatum! men schreef en men loeg zich een bult,
En t'huis bij ons Jaapje werd lekker gesmuld!

              B. v. M.

JAAPJE BLOK.

1 | *Diskriminierung*

Een man, die kreupel was, quam met befwaerde fchre-
den
Ontrent een bleyckers hof al fachtjens aengetreden.
  Hy fag het aerdig tuyg, hy fag het linnen aen,
  En wierdt met een beluft wat dieper in te gaen:
Maer hy en had' bykans het hecken niet ontflooten,
Daer komen tegen hem veel honden uytgefchooten,
  Fel, vinnig, ongefint, verhit op menfchen bloet,
  Het fchijnt dat hy terftont haer proije wefen moet.
De man was eerft verbaeft, want hy was fonder wapen,
Oock wift hy daer ontrent geen fteenen op te rapen.
  Wat ftaet hem dan te doen? hy nam fijn houte kruck,
  Die was hem als een fwaert, en dient hem tot geluck.

Hy dreygt, hy wenckt, hy fchermt, hy doet de reeckels
wijcken,
Tot dat'et yemant hoort, en uyt beftont te kijcken.
  Siet wat den man gebeurt, ten waer fijn kreupel been,
  (Na ick het ftuck begrijp) hem bleef'er heden geen.
Hy lage nu gevelt, en in het ftof gefmeten,
Sijn leden opgefcheurt, fijn kuyten afgebeten,
  Sijn neus ('t kon zijn) mifmaekt, fijn wangen afgeruckt,
  Of wel hy ware doodt, en in het graf gedruckt.
Hoe vremt, Almachtig Godt! hoe vremt zijn uwe wegen!
Uw' roede menigmael die wordt ons enckel zegen.
  Gy ftraft ons aen het lijf, op dat de waerde ziel
  Niet in een fwaer verdriet, of in de doodt en viel.

1. *Jaapje Blok verdingt sich als Stehpult für drei Pfennig je Brief. Holzschnitt, De Belgische Illustratie, 1869/1870, Nr. 29.*

2. *'Wie sonderbar, allmächtiger Gott! Wie sonderbar sind Eure Wege!... Ihr strafet uns an dem Leibe, auf daß der lieben Seele kein Leid geschehen möge...' Kupferstich von Daniël van den Bremden, 1700.*

Eerst groot geacht, daer na belacht. 227

Actor. 14. 7.

Moyses Aron deden wonder, somtijdts schenens' als een Godt,
Maer door waerheyts stijven donder, werdens' haest der menschen spot.

Ff 2

Gesellschaftliche Isolation

1. Erst groß herausgebracht, dann ausgelacht.
Kupferstich, 17. Jahrhundert.

2. Triumph und Ende eines Sängers.
Holzschnitt, Illustrierte Welt 38, (1868) 452.

Gesellschaftliche Isolation

1. Lithographie nach einer Zeichnung von Alexander Verhuell, 1860.

2. Zeichnung von Stefan Verwey, De Volkskrant, 13. April 1978.

3. Die zwei Gefangenen. Lithographie von André Sletéh.

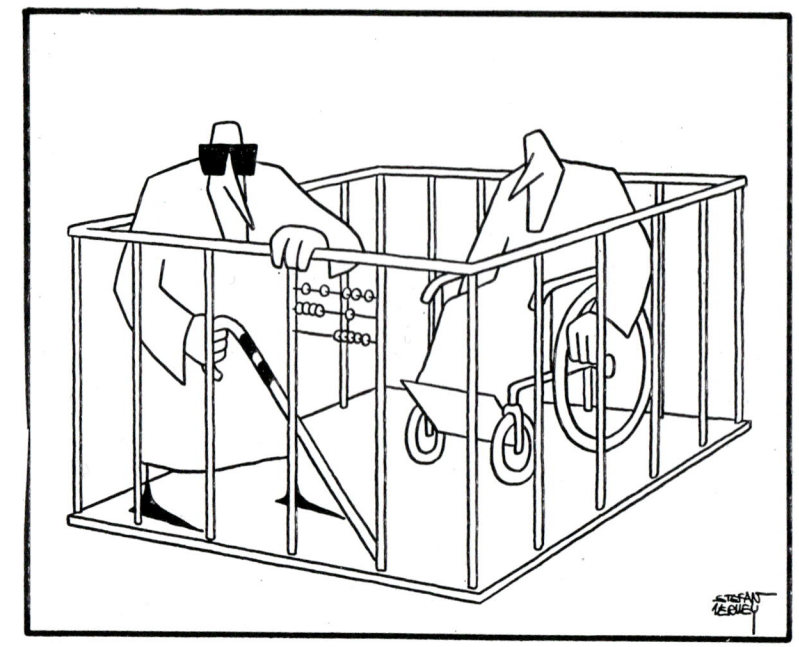

LES DEUX PRISONNIERS

1. St. James Park in London. Holzschnitt, The Grafic, 14. Juni 1873.

2. Der reiche Onkel mit seinen Nichten.
Lithographie von K. F. Bombled, 1885.

3. Zeichnung von Yrrah, Vrij Nederland, 7. Februar 1976.

Wenn man Geld hat

1. Lithographie von Blanas, 1879. Archiv L. J. C. D. Mol zu Den Haag.

2. Seeheld im Ruhestand. Lithographie nach einer Zeichnung von D. Bles, 19. Jahrhundert.

Wenn man Geld hat

*Das Patenkind des Kaisers.
Holzschnitt von Fromeni nach einer
Zeichnung von F. Lix, Lectures du
Soir, um 1885.*

2
LEBENSUNTERHALT

Almosen
Bettler
Bettelnde Gruppen
Wohltätigkeit
Musikanten und Andere
Menschen als Sehenswürdigkeiten

1. Der reiche Mann und der arme Lazarus.
Kupferstich, 17. Jahrhundert.

2. '...denn wer den Armseligen nichts geben kann, verliert Wohlgeruch und Segen, selbst ein armer Mann...'
Kupferstich von J. Goeree aus J. Cats, Gedachten op Slapeloose Nachten, 1712.

J. Cats
GEDACHTEN
OP
SLAPELOOSE NACHTEN,
WAER INNE

De deugt van Herbergsaemheyt ende Mededeylsaemheyt aen den nootdruftigen wijtluftig word vertoont, ende de vruchten der selver naer 't leven afgemaelt werden.

Aelmoessen vergeleecken by een Bornput, en waerom.

Luc. 12. v. 15. *Wacht u van de gierigheyt.*

WIe Aelemoessen geeft laet dat de wreckers lesen,
Is als een Waterput of dient alsoo te wesen.
Onthout dit, waerde Ziel, op dat je dese deugt
En krijgen in den Geest, en lang behouden meugt.
Siet wie 'er uyt een put geduurig water trecken,
Die wil het voor gewis tot nut en voordeel strecken:
   Want vocht met staêge vlijt getoogen uyt den gront,
   Is klaer, van goeden reuck, en voor den mensch gesont.
Maer sooder uyt de put geen nat en word getogen,
Of datse stille staet en niet en word bewogen,
   Een die hier langsaem put en wijt ick geenen danck,
   Want water eertijts versch dat krijgt een vuyle stanck.
Ey siet dit ongemack sal even wedervaren,
Die uyt een gierig hart haer gelt en rijckdom sparen:
   Want die voor 't schamel volck sijn gelt en beurse sluyt,
   Daer vliegt de goede reuck en alle zegen uyt.
Een hant die milde geeft is Godt een soeten balsem,
Maer gelt te seer bewaert dat word hem enckel alsem.
   Geen wierook die voor Godt soo soeten reuk verweckt,
   Als een die milde geeft en naeckte leden deckt.

Let

DE WELDAAD.

HET LAND DER HINKENDEN.

1. '...getroffen durch das größte Erbarmen, fühlt sie zu Recht des Mannes bitt're Not: sie weint, geht hin und gibt den Armen ein Stück verschimmeltes Roggenbrot.' Kupferstich von N. van der Meer aus den Fabeln und Erzählungen von C. F. Gellert, 1773.

2. Das Land der Hinkenden. Kupferstich von N. van der Meer aus den Fabeln und Erzählungen von C. F. Gellert, 1773.

OP EEN BEDELAAR.

*Des Beed'laars Och!
Is vaak bedroch.*

Des Bettlers Ach ist oft nicht wahr.
Kupferstich eines unbekannten Künstlers, o.J.

God is de maaker van den armen,
Dies moet een yder zig erbarmen,
Der gener die het waarlyk zyn;
Ja ook! schoon wierd men al bedrogen,
En voede, door opregt meêdogen,
Zelfs luiheid, in een valsche schyn.

16ᵉ ANNÉE — Nº 12.   **10 Centimes**   **20 Mars 1910.**

Le Pêle-Mêle

POUR TOUS & PAR TOUS

FRANCE : Un an **6** fr. Six mois : **3** fr. **50**
ÉTRANGER : Un an **9** fr. Six mois : **5** fr. »
On s'abonne dans tous les Bureaux de Poste

Journal Humoristique Hebdomadaire
92, Rue St-Lazare, 92, PARIS
Les Manuscrits ne sont pas rendus

Tous les articles insérés restent la propriété du journal. — La reproduction en est interdite à tous ceux qui n'ont pas de traité avec le *Pêle-Mêle*.

LES CONCURRENTS, par Pierre RIVALTA.

(Sign on left beggar:) AYEZ PITIÉ D'UN PAUVRE MUET

(Sign on right beggar:) FAITES L'AUMÔNE S.V.P. À UN PAUVRE MANCHOT

LE MANCHOT. — Vous avez de la veine que votre infirmité ne vous permette pas de me dire des injures, et que la mienne m'interdise de vous flanquer ma main sur la figure !

Bettler

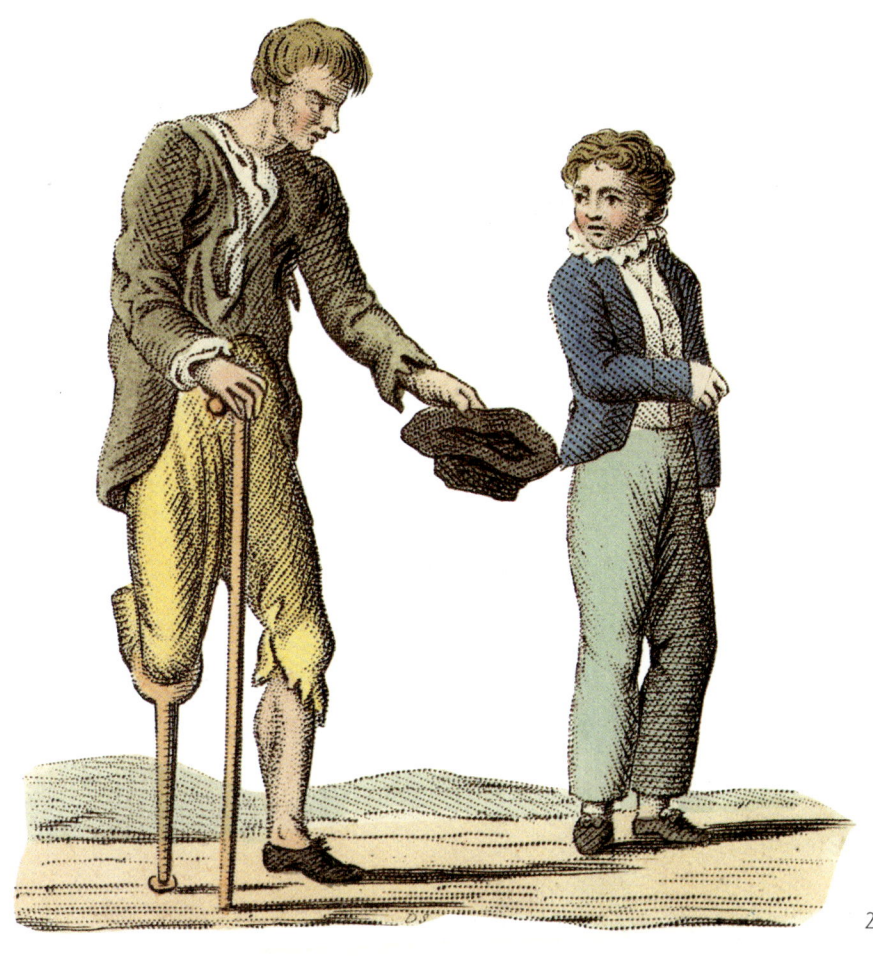

1. Die Konkurrenten.
Lithographie von Pierre Rivalta,
Le Pêle Mêle 16, 20. März 1910.

2. Der unbarmherzige Heinrich.
Kupferstich aus einem belehrenden
Kinderbuch, um 1825.

3. Rechtschaffenheit und Tugend
spenden Freude.
Lithographie, o. J.

GUEUX DES CHAMPS

Pauvre Aveugle

J' suis ben vieux, j'ai p'us d'z yeux.
Si j' mourais, ça vaudrait mieux.
   Si j' mourais, j' s'rais content...
Un p'tit sou en attendant!

   Quoi qu' ça f'rait, c' qu'on m' donn'rait?
Ça n' pourrait m' donner qu' du r'gret.
   J'ai p'us b'soin, et c'pendant
Un p'tit sou en attendant!

   Du pain sec, rien avec,
Ça n' pass' p'us dans mon pauvr' bec.
   C'est trop dur J'ai qu'ein' dent.
Un p'tit sou en attendant!

   J' vas mouri, que j' vous dis.
J' vas monter en paradis.
   J' vas mouri dans l'instant.
Un p'tit sou en attendant!

JEAN RICHEPIN.

(Dessin de Steinlen.)

Bettler

2

1. Armer Blinder.
'Ich werde bald sterben. Bitte, geben Sie mir ein Geldstück, während ich darauf warte.'
Lithographie von Th. A. Steinlen, o.J.

2. 'Wenn Du willst, kannst Du Arbeit bekommen – denn Faulpelzen, Bettlern gebe ich nie, nimmer, nichts umsonst!!'
Steindruck von Alexander Verhuell, um 1860.

70 | Bettler

1. Drei Bettler von Charlet, in Holz geschnitten von Gigoux, aus Les Français peints par eux-mêmes, tome III. Les Mendiants, von Berthaud.

2. 'Wie gut, daß dieser arme Mann noch mit der Treue seines Hundes rechnen kann...' Lithographie aus einem Kinderbuch, 19. Jahrhundert.

DE BLINDE.

'k Zie nooit een blinden man, of 'k denk:
Wat is 't zien een rijk geschenk!
Gelukkig, dat deez arme man,
Op Fidels trouw nog reek'nen kan.
Zie 't dier gaat met een bakje rond:
Welk een instinct heeft toch een hond!
Verkeert zijn meester in gevaar,
Zijn trouwe hond is dan steeds daar!

Philip-in-the-tub. Zusammen mit anderen Leidensgenossen besuchte er ungeladen Hochzeitsfeste, wo er seine Ballade 'Jesse oder das glückliche Paar' aufführte. Erst nach Erhalt eines fürstlichen Geschenkes zog die Gesellschaft wieder weiter. Stahlstich nach William Hogarth, 1697-1774, o.J.

Bettelnde Gruppen

ONS VOORGESLACHT,

door

W. J. HOFDIJK.

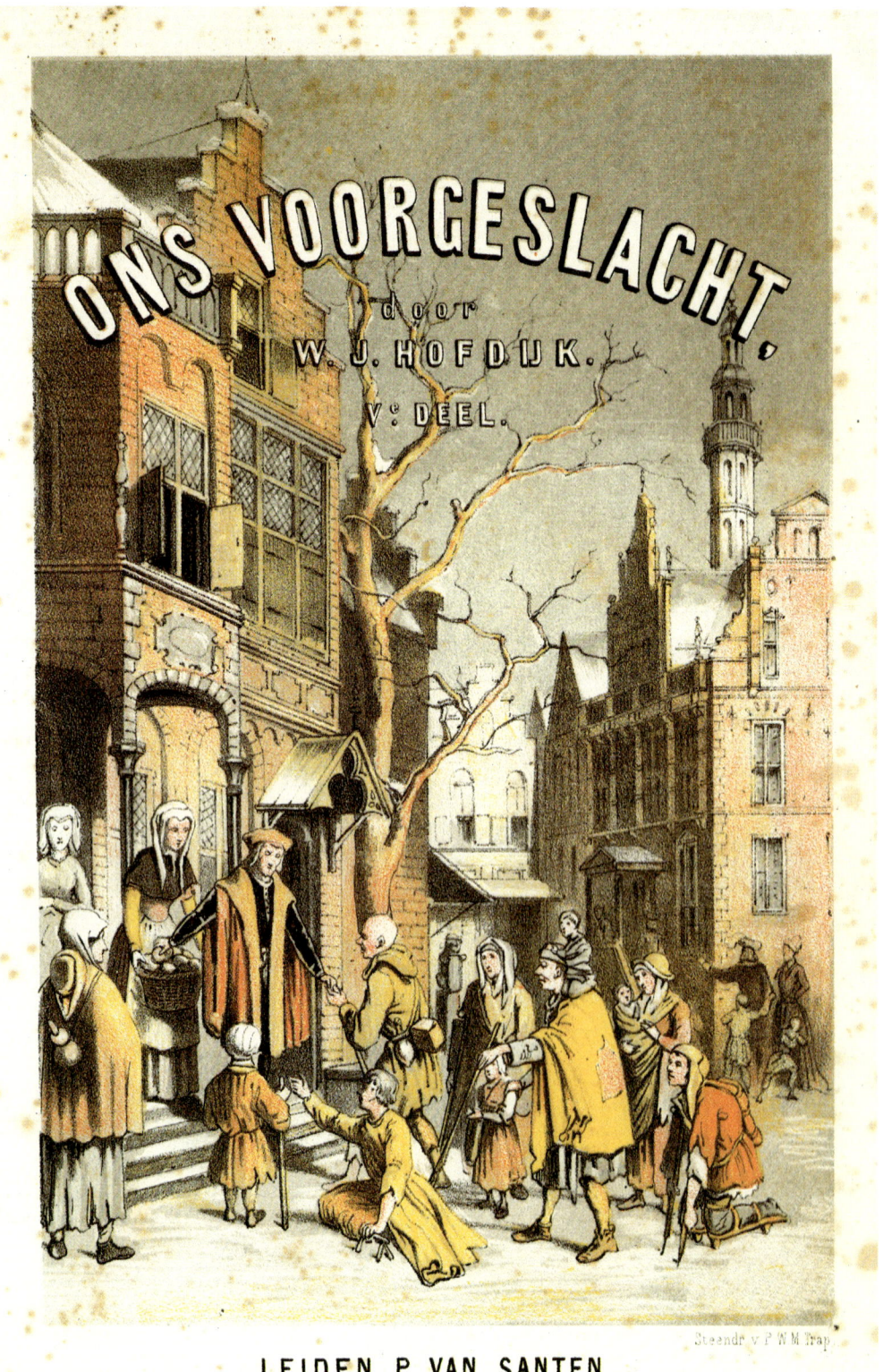

Vᵉ DEEL.

LEIDEN, P. VAN SANTEN.
1875.

1. Durchs Land ziehende Bettler.
Im 17. Jahrhundert zogen Arme und Invaliden in Gruppen durch Stadt und Land, von Arbeitslosigkeit und Armut getrieben, um bei begüterten Bürgern und wohlhabenden Bauern ein Almosen zu erbetteln.
Lithographie von P. W. M. Trap aus 'Ons Voorgeslacht', durch W. J. Hofdijk, Teil V, Leiden 1875.

2. An manchen Tagen des Jahres durften die Aussätzigen durch die Stadt ziehen, um Almosen zu erbitten.
Lithographie von Emrik & Binger, o. J.

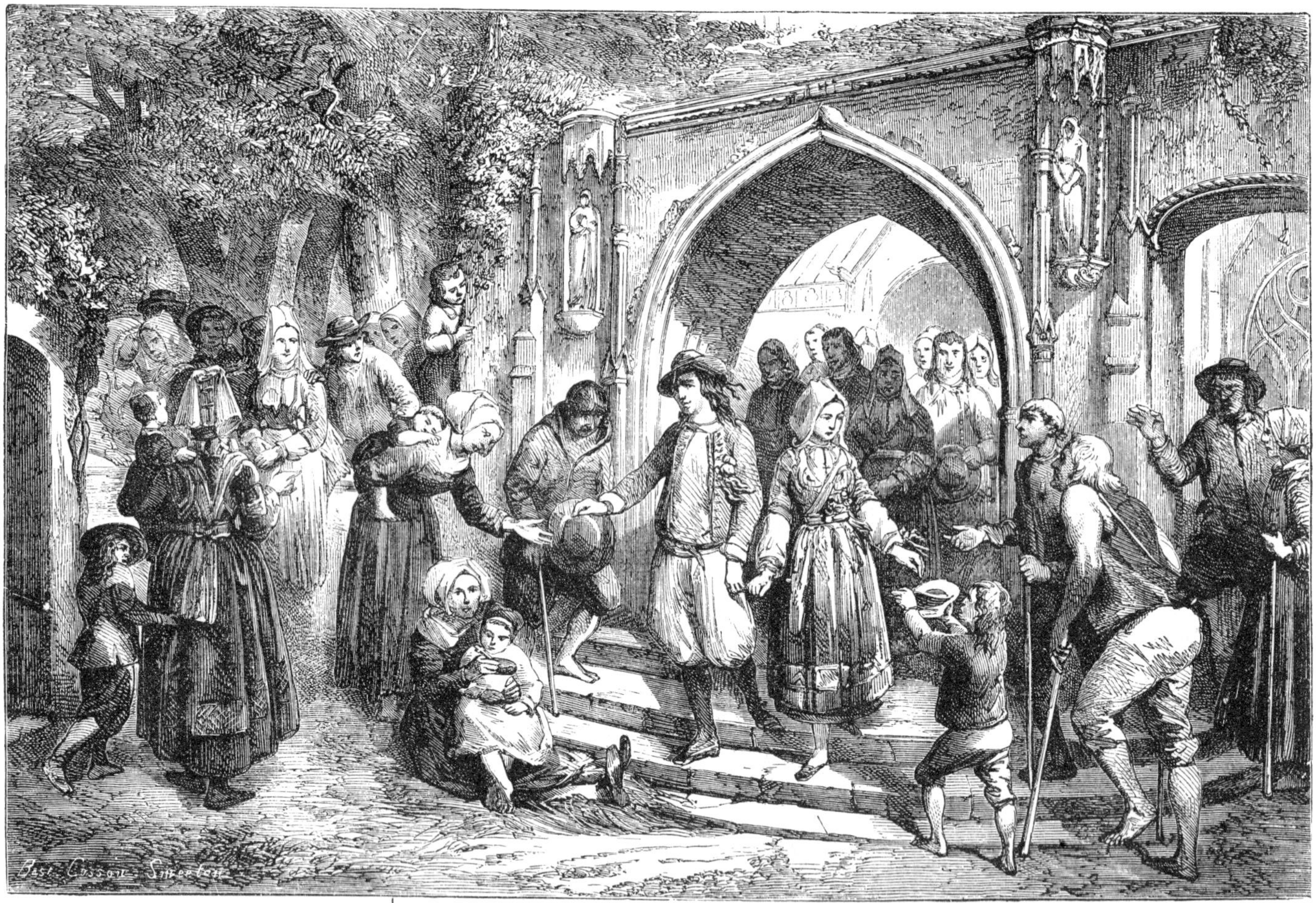

1

2

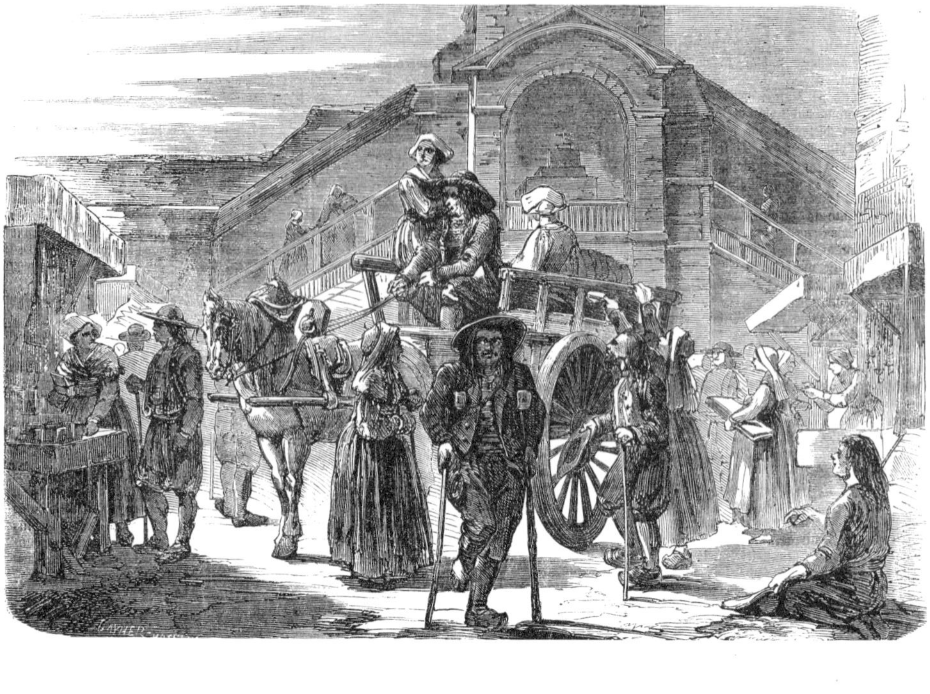

Bettelnde Gruppen

BEGGARS asking Alms of Yorick at MONTREUIL.

S.H.Grimm inv.   T.M. Le Maître sculp.

Publish'd as the Act directs, by A.Hamilton, Jun.! S.! John's Lane. April 1.1775.

1. *Nach der Trauung.*
Holzschnitt von Smeeton, Die
Illustrierte Welt, 16 (1868) 232.

2. *Pilgerzug. Am 28. Juli jedes*
Jahres fand in der Bretagne die
Wallfahrt nach Sainte-Anne
d'Auray statt.
Holzschnitt von Gayher-Hotelin,
Journal pour Tous, 1862.

3. *Bettler in Montreuil.*
Kupferstich von T. M. le Maître,
nach einer Zeichnung von
S. H. Grimm, 1775.

Betteln ist verboten.
Lithographie, L'Assiette au Beurre,
21. Januar 1905.

2. *Mitleid.*
'Hochverehrte Herren und Damen,
machen Sie sich einen Namen.
Geben Sie von den Gaben,
die im Überfluß Sie haben.
Vater Unser! Gesegnet seiest Du,
Maria! Haben Sie Mitleid!'
Lithographie von J. Baseilhac,
L'Assiette au Beurre, 18. Oktober
1902.

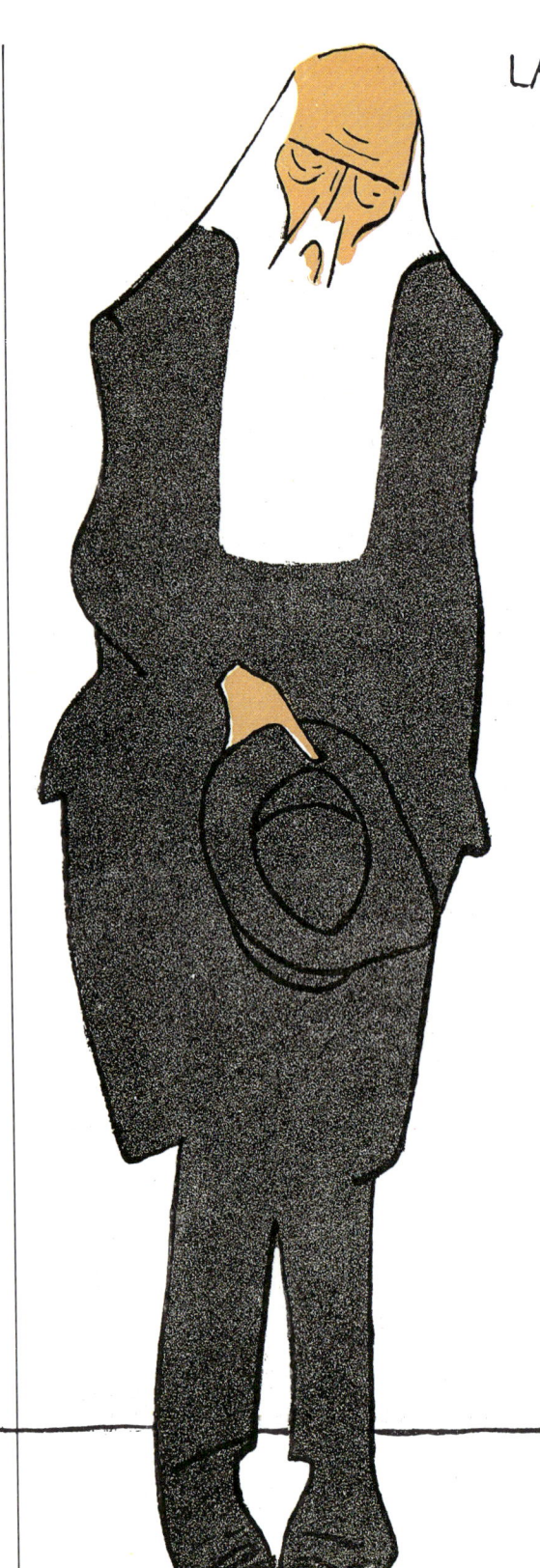

LA MENDICITÉ EST INTERDITE

Wohltätigkeit

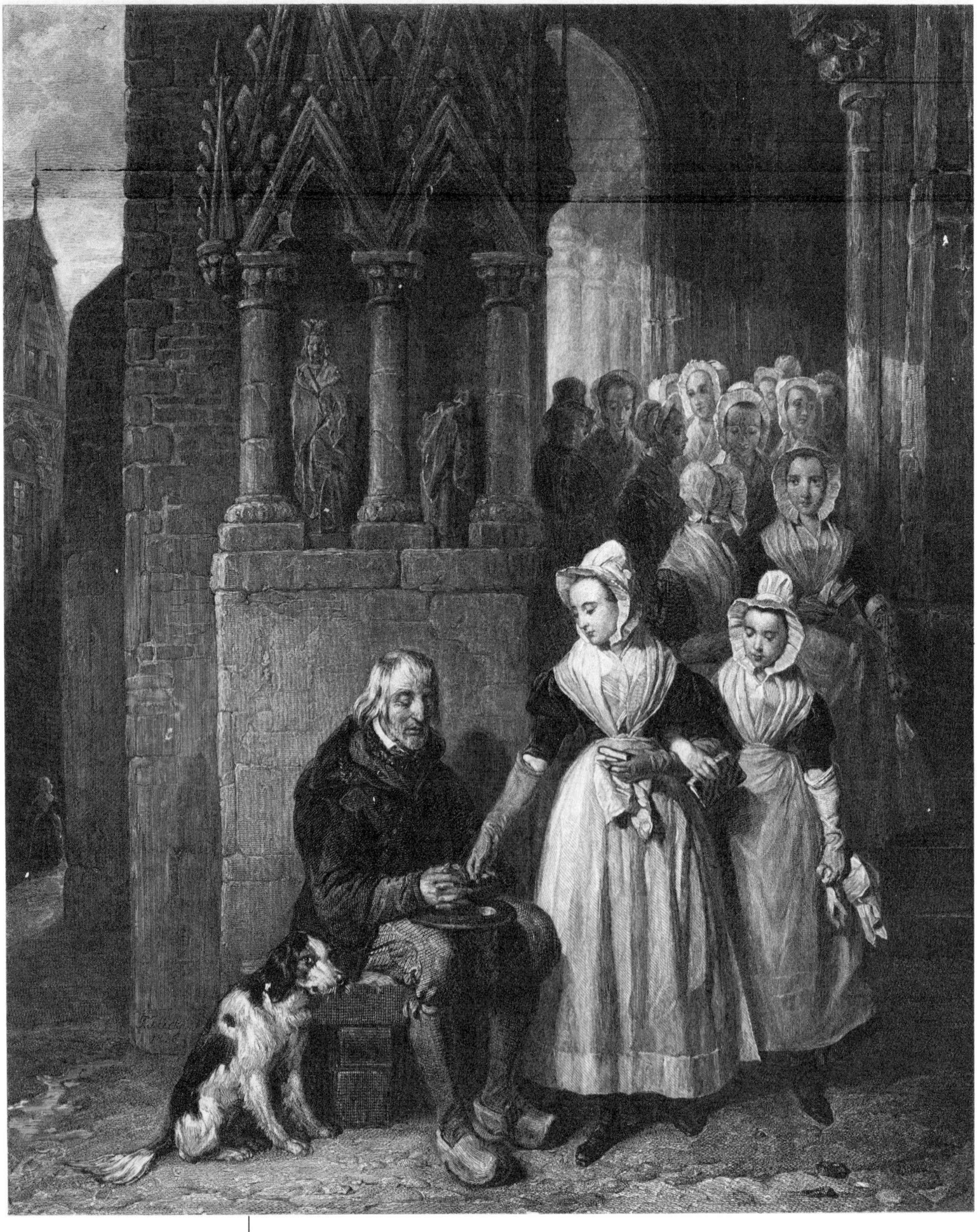

1

Wohltätigkeit

1. Die wohltätige Waise.
Stahlstich von Joh. de Mare, 1850.

2. Wohltätigkeit.
Radierung von A. Legros, o. J.

82 | Wohltätigkeit

H. TENKATE.

J.C. d'Arnaud Gerkens, del.

Ned. Maatsch. v. Schoone Kunsten.

Liefdadigheid.

Teekening van Tjerk Bottema.

„Wees toch voorzichtig, lieve. Wie de minste kleeren hebben, hebben de meeste luizen." 2

---

1. Lithographie von H. Tenkate nach einer Zeichnung von J. C. d'Arnaud Gerkens, o. J.

2. 'Sei doch vorsichtig, meine Liebe. Wer die wenigsten Kleider hat, hat die meisten Läuse.' Zeichnung von Tjerk Bottema, De Notenkraker, 29. November 1919.

LES AVEUGLES

Contemple-les, mon âme, ils sont vraiment affreux
Pareils aux mannequins ; vaguement ridicules ;
Terribles ; singuliers comme des somnambules ;
Dardant on ne sait où leurs globes ténébreux.

Leurs yeux, d'où la divine étincelle est partie,
Comme s'ils regardaient au loin, restent levés
Au ciel ; on ne les voit jamais vers les pavés
Pencher rêveusement leur tête appesantie.

Ils traversent ainsi le noir illimité,
Ce frère du silence éternel. O cité !
Pendant qu'autour de nous tu chantes, ris et beugles,

Eprise du plaisir jusqu'à l'atrocité,
Vois, je me traîne aussi ; mais, plus qu'eux hébété,
Je dis : Que cherchent-ils au ciel, tous ces aveugles ?

CHARLES BAUDELAIRE.

1. 'Warum richten alle diese Blinden ihre Augen doch gen Himmel?' (Baudelaire)
Lithographie von Paul Balluriau, Gil Blas, Hebdomadaire Illustrée, 1878.

2. Pariser Straßenszene, Ende 19. Jahrhundert.
Holzschnitt von A. Grévin, Petit Journal Pour Rire, o. J.

86 | Musikanten und andere

No. 212. August, 1878.   BAND OF HOPE REVIEW.   One Halfpenny.

By permission]   THE BLIND PIPER.   [After Frederick Tayler.

Musikanten und andere

Der blinde Musikant.

Verlag von Eduard Trewendt in Breslau.

1. Holzschnitt nach Frederick Tayler, Band of Hope Review, August 1878.

2. Stahlstich von Zehl, Leipzig, aus 'Der kleine Robinson', von Franz Hoffmann, Breslau, o.J.

Musikanten und andere

Musikanten und andere

1. *Bild aus der Serie 'Ungeheuer' von Nikolaus Heidelbach, 1981.*

2. *Bierfest am Leopoldstag in Klosterneuburg (Niederösterreich). Holzschnitt nach einer Zeichnung von D. Katzler, Allgemeine Illustrierte Zeitung, 1882.*

3. *Radierung von T. de Wit aus einem Kinderbuch, Ende 18. Jahrhundert.*

L'AVEUGLE.

1. Lithographie von Engelmann nach einer Zeichnung von S. Baptiste, 1826.

2. Nach einer Zeichnung von Heinrich Zille aus 'Mein Milljöh', Neue Bilder aus dem Berliner Leben, 1922.

Der Blinde

„Mutter, wat man in de Friedrichstraße alles hört, ick könnte lachen, mir tun bloß gleich die Oogen so weh!"

Le grand Triomphateur desolé.

Depuis vn temps asses considerable	Apres le nom de grand Triomphateur
avec honneur je passois dans Paris	On y lisoit en lettres authentiques
Chacun reconnoissoit ma mine venerable	Qu'en tous lieux librement j'erigeois des boutiques
Ie leur vendois a tous liures a juste prix	Mais d'ou peut me venir vn si triste malheur
Le ciel auoit voulu pour mon salaire	Ma qualité m'est aujourdhuy changeé
Qu'en faisant mon portrait on my noma Libraire	Et mon honneur enfin se reduit en fumeé.

Chez I Bonnart   au Coq auec priuil.

Musikanten und andere

LE JEUNE AVEUGLE.

1. Buch- und Zeitschriften-
verkäufer in Paris.
Radierung, Herausgeber
H. Bonnart, 18. Jahrhundert.

2. Blinder Anmachholz-Verkaüfer.
Lithographie, 19. Jahrhundert.

Lithographie von C. C. A. Last nach einem Selbstporträt des Malers C. Ducornet, 1806 in Lille geboren.

Musikanten und andere

1. Stich von Du Casse aus der Serie 'Anomalies Humaines', 19. Jahrhundert.

2. Wegen eines Streiks der Kellner werden Rentner eingesetzt. Holzschnitt von Harrison, Punch, 16. April 1913.

Musikanten und andere

Menschen als Sehenswürdigkeiten

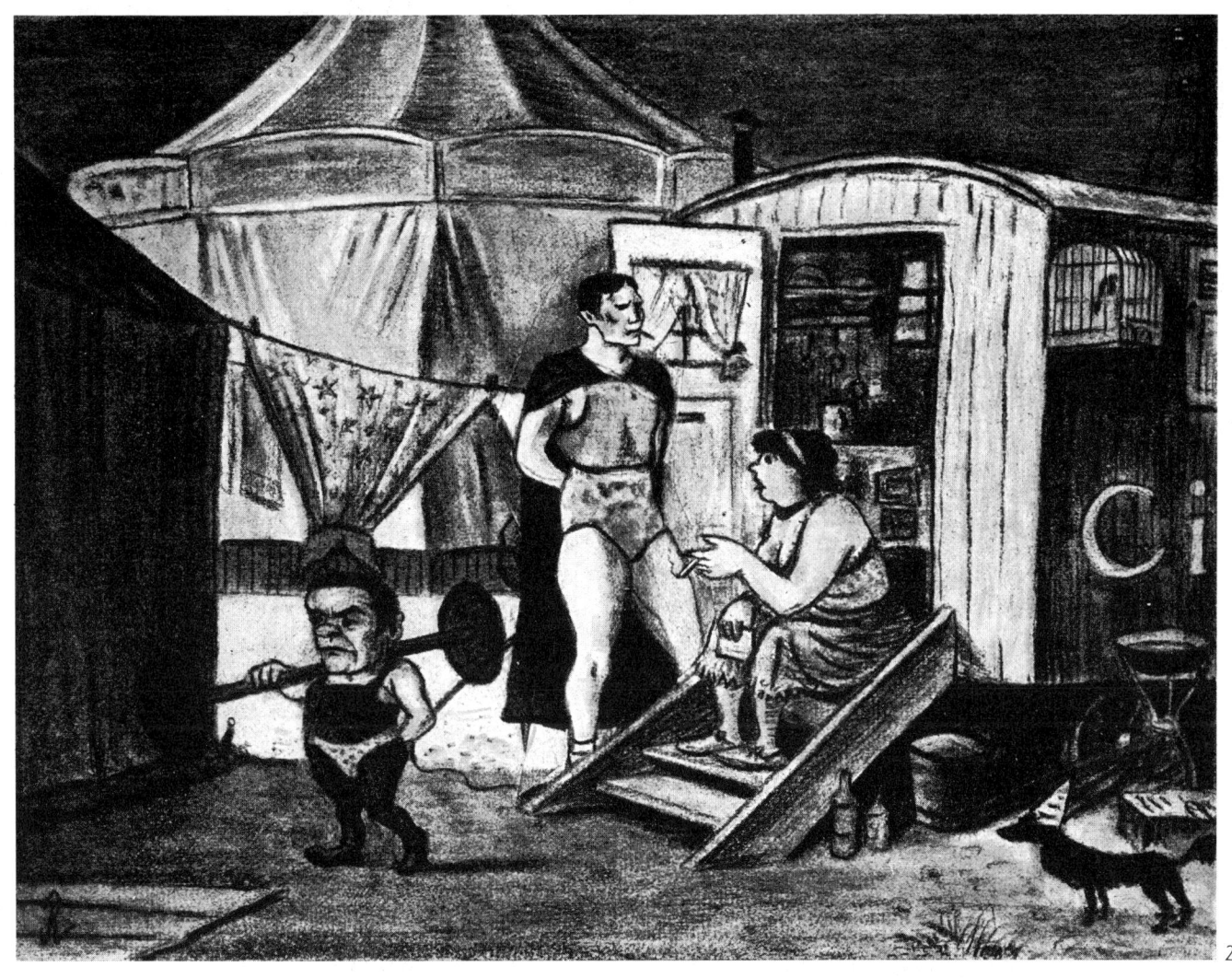

„Wenn jetzt bald die ersten Atomstaubkinder kommen, werden wir einpacken
können mit unseren siamesischen Zwillingen!"

1. Lithographie nach einem
Aquarell von JOB, Revue Mame,
3. Februar 1895.

2. Lithographie nach einer
Zeichnung von Max Radler,
Simplicissimus, 18. August 1956.

Menschen ohne Arme als Zirkuskünstler.
1. Wenn man keine Arme hat, ist es einfach, seinem Sohn die Kunst des Altertums nahezubringen.
2. 'Heh, Du hattest gesagt, daß Du mir zur Hand gehen wolltest'.
Lithographien von Benjamin Rabier Le Pêle Mêle, 30. Januar und 19. Juni 1910.

16ᵉ ANNÉE. — Nº 5.   10 Centimes.   30 Janvier 1910.

Le Pêle-Mêle
POUR TOUS & PAR TOUS

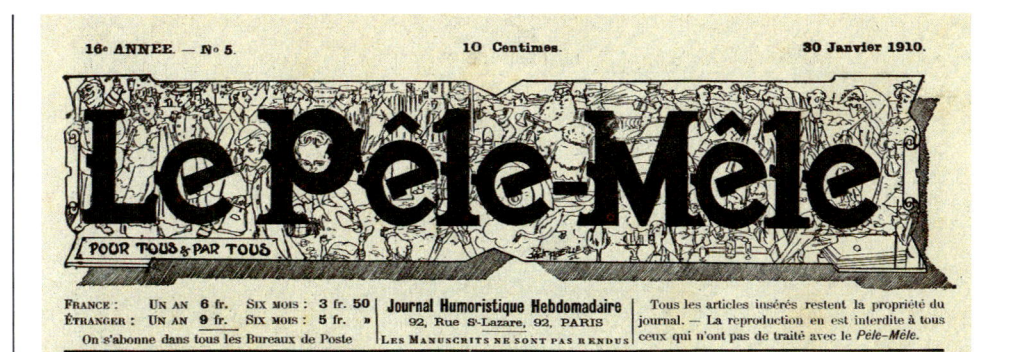

FRANCE : UN AN 6 fr. SIX MOIS : 3 fr. 50
ÉTRANGER : UN AN 9 fr. SIX MOIS : 5 fr. »
On s'abonne dans tous les Bureaux de Poste

Journal Humoristique Hebdomadaire
92, Rue St-Lazare, 92, PARIS
LES MANUSCRITS NE SONT PAS RENDUS

Tous les articles insérés restent la propriété du journal. — La reproduction en est interdite à tous ceux qui n'ont pas de traité avec le *Pêle-Mêle*.

UN RAFFINÉ, par Benjamin RABIER.

CE SOIR
CIRQUE PLEGE.
!!! SUCCÈS !!!
L'HOMME SANS BRAS.

— Voilà ce que tu fais ? Et moi qui comptais sur toi pour me donner un coup de main !

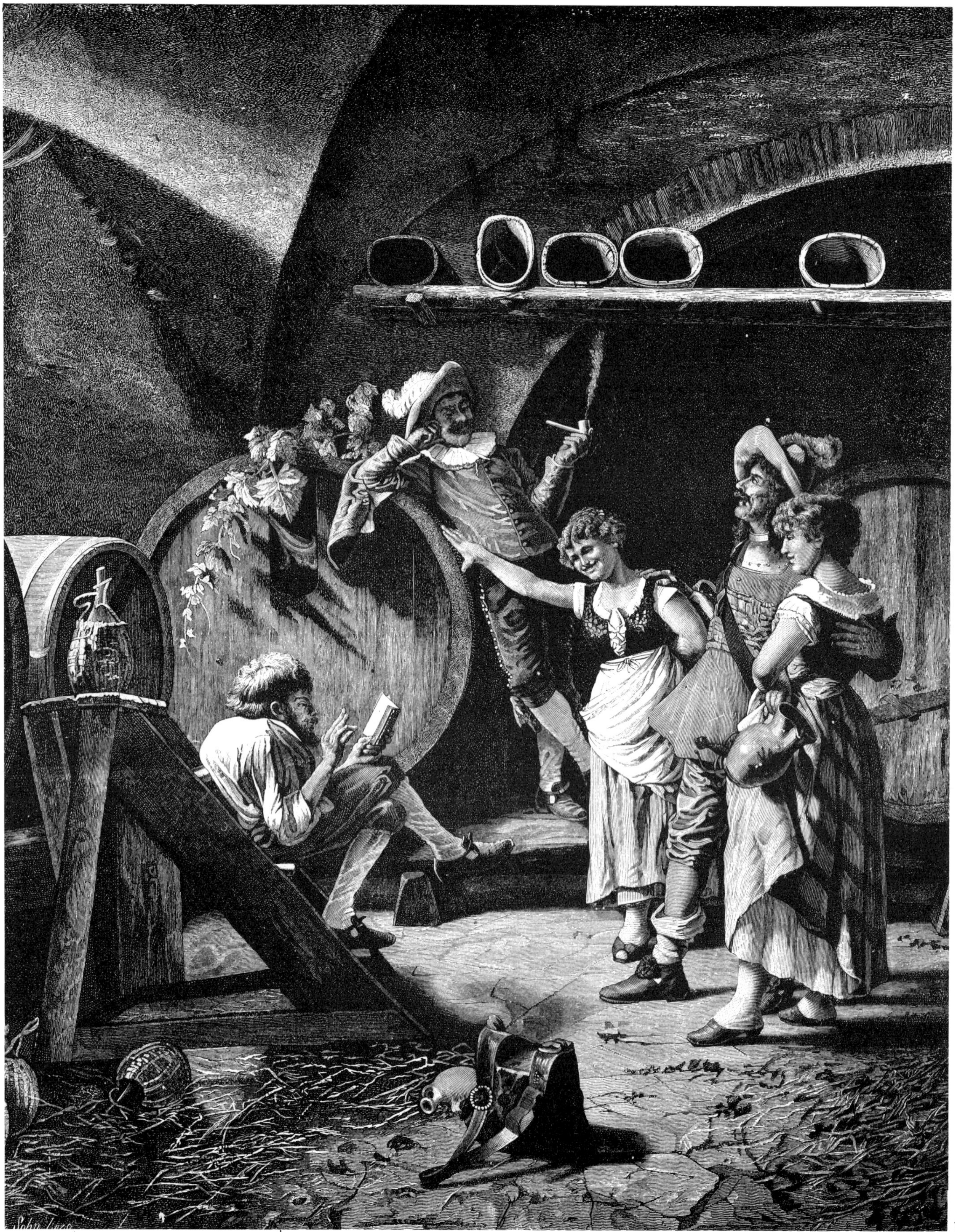

1

Menschen als Sehenswürdigkeiten

PUNCH TELLING THE MEMBERS TO GO ABOUT THEIR BUSINESS.

1. An Fürstenhöfen und auch in Weinstuben und Weinkellern ließ man sich gerne von zwergwüchsigen Menschen unterhalten.
Holzschnitt nach Guzzardi, Deutsche Illustrierte Zeitung, 1895.

2. Punch sagt es den Parlamentsmitgliedern.
Holzschnitt, Punch, 15 (1848) 100.

102 | Menschen als Sehenswürdigkeiten

Menschen als Sehenswürdigkeiten

1. Die Hochzeit des Riesen. Lithographie von H. Meyer, Supplément Illustré du Petit Journal 8 (1897), 4. Juli.

2. Liliputaner in Piccadilly, London Holzschnitt von W. I. Mosses, The Illustrated London News, um 1880.

THE PIGMIES IN PICCADILLY: LUCIA ZARATE AND GENERAL MITE, WITH THE EXHIBITOR.

(General Tom Thumb introduced into this Illustration to show their relative size.)

P. Kikkert ad viv. f.

Menschen als Sehenswürdigkeiten

THE DEFORMITO-MANIA.

THE taste for the Monstrous seems, at last, to have reached its climax. The walls of the Egyptian Hall in Piccadilly are placarded from top to bottom with bills announcing the exhibition of some frightful object within, and the building itself will soon be known as the Hall of Ugliness. We cannot understand the cause of the now prevailing taste for deformity, which seems to grow by what it feeds upon. The first dose administered to this morbid appetite was somewhat homœopathic, being comprised in the diminutive form of TOM THUMB; but the eagerness with which this little humbug was devoured—at least by female kisses—has caused the importation, on a much larger scale, of all sorts of *lusus naturæ* and specimens of animated ugliness, which form a source of attraction to the public, and are exhibited with success in the very building where HAYDON in vain invited attention to the creations of his genius.

If *Beauty and the Beast* should be brought into competition in London, at the present day, *Beauty* would stand no chance against the *Beast* in the race for popularity. We understand that an exhibition consisting of the most frightful objects in nature is about to be formed at the Egyptian Hall, under the now taking title of the Hideorama. Poor MADAME TUSSAUD, with her Chamber of Horrors, is quite thrown into the shade by the number of real enormities and deformities that are now to be seen, as the showmen say, "Alive! alive!" Her wax is snuffed out, or extinguished, by the new lights now shining in Piccadilly, where a sort of Reign of Terror just now prevails.

There seems to be a sort of fascination in the horrible; and we can only hope, as the mania has now reached its extreme, a healthy admiration for the "true and the beautiful," as the novelists call it, will immediately begin to show itself.

---

1. Dorus, 'zweihöckeriger' Diener von Universitätsstudenten aus Leiden.
Radierung von P. Kikkert, 1798.

---

2. Punch kritisierte das übertriebene Interesse für menschliche Mißbildungen und andere 'Wunder', die u.a. in der Egyptian Hall gezeigt wurden.
Holzschnitt, Punch, 1847.

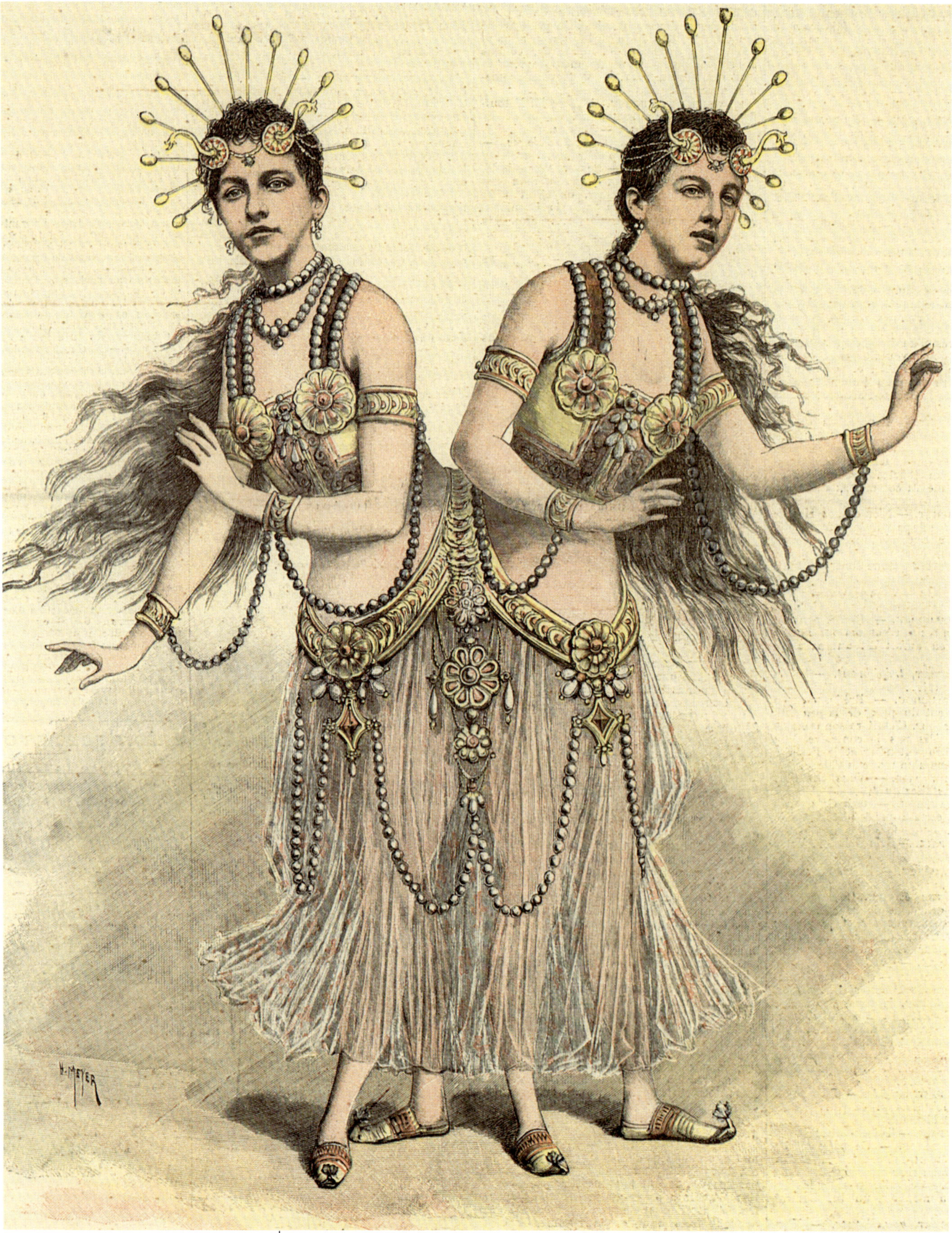

1

1. Rosa und Josepha im Théâtre de la Gaîté (Theater der Fröhlichkeit) in Paris. Lithographie von H. Meyer, Supplément Illustré du Petit Journal 2 (1891), 4. Juli.

2. Achtzehnjährige siamesische Zwillinge werden in der Egyptian Hall, Piccadilly, London, ausgestellt. Lithographie von Villain nach einer Zeichnung von Machereau, Anfang 19. Jahrhundert.

1. *In einer Pastete wurde der Zwerg Jeffery Hudson der englischen Königin dargeboten. Holzschnitt von P. Kauffman, Hygiène et Médicine Populaire von Alexis Clerc, 1895.*

2. *Zeichnung von Yrrah, Yrrah Cartoons, 1971.*

Menschen als Sehenswürdigkeiten

3
GEZEICHNETER SPOTT

Erotik
Der entlarvte Betrüger

Spott

LE CUL-DE-JATTE — Nous serions à peu près heureux, s'il n'y avait pas ces sales piétons !.

'Wie schön wäre es, wenn wir nicht durch die lästigen Fußgänger gestört würden.'
Lithographie von Benjamin Rabier, Le Pêle Mêle, 27. August 1910.

LES MALINS UNIPIEDS, par B. BAKER

Nous désirons acheter *une paire* de chaussures, monsieur.

1. Wir möchten gerne ein einziges Paar Schuhe.
Lithographie von B. Baker, o. J.

2. Holzschnitt, Punch, 11. Februar 1882.

3. Ich muß Sie wegen eines Paares neuer Stiefel belästigen.
Holzschnitt, Punch, 1846.

Seiten 114 / 115

Die bewaffnete Hoffnung des Vaterlandes.
Lithographie von J. Charly, Le Rire, 29. April 1905.

e Régiment est l'écol
du Citoyen
Guerre à L'ALCOOL!
GLOIRE
AUX
MILITAI
SOL
On Demande
des Soldats

LE SERVICE DE DEUX ANS

Nlle Série. N° 117. — 29 Avril 1905.
20 centimes
Numéro spécial publié par **LE RIRE**

'S MENSCHEN YDELHEYDT.

El corcobado no vee ſu corcoba, y vee la de ſu compannon.

Een ander heeft altijt de ſchult / Geen menſch en ſiet ſijn eygen bult.

GY ſiet in deſe prent geſchildert naer het leven,
Hoe dat'er menig menſch een ander weet te geven;
Hoe dat ſchier yder menſch eens anders feylen ſiet,
En weet (gelijck het blijckt) ſijn eygen feylen niet:
Gy ſiet een bultig menſch een bultenaer begecken,
Gy ſiet hem ſijnen mont in vreemde bogten trecken,
En ſie de ſpotter ſelfs en is niet als een dwerg,
Hy torſt op ſijnen rug een bult gelijck een berg.
Ey wat is van den menſch! wy konnen onderſoecken
Eens anders huys-bedrijf, eens anders reken-boecken,
Eens anders gansch beleyt tot aen de minſte ſtreeck,
En in ons eygen huys en ſien wy niet een ſteeck:
Wy weten alle man ſijn leſſe voor te ſpellen,
Wy weten alle man ſijn feylen op te tellen;
Maer niemant keert het oog ontrent ſijn eygen ſchult,
En ſie! op onſen rug daer hangt de meeſte bult.
Ey vrienden, niet alſoo: laet vreemde lieden blijven,
En wilt geen ſchamper jock op iemant anders drijven,
„ Maer dael in uw gemoet. Het is een regte geck
„ Die veel een ander ſtraft, en nimmer ſijn gebreck.

1. 'Die Schuld hat immer ein anderer, kein Mensch sieht seinen eigenen Buckel.'
Kupferstich von J. Matham, 1700.

2. 'Der Krüppel will immer aus der Reihe tanzen.'
Kupferstich von Jacob Matham, 1658.

's Menschen ydelheyt.

Krepel wil altijt voor danssen.

Lestmael quam ick in een velt
  Daer een yeder was gestelt
Tot een uytgelate vreught,
Nae de wijse van de jeught;
Jonge lieden van het landt
Songen, sprongen, handt aen handt:
Yder maeckte groot geschal,
Yder was'er even mal;
Doch van allen was'er een
Met een krom, en krepel been,
Met een plompen stompen voet,
Die had veeren op den hoet,
Die was voren aen den dans,
Die was by den rosen-krans,
Die was om en aen de mey,
Die was leyder van den rey;
Wat men peep of wat men songh,

Krepel had den eersten sprongh:
Al is Fop een rap gesel,
Al doet Heyn sijn dingen wel,
Al leyt Jorden moye Trijn,
Krepel wil de voorste zijn.
  Maer al was dit in het velt,
't Is oock elders soo gestelt;
Want oock by de steedtsche liên
Wort dit menighmael gesien,
Veeltijts, wat 'er wort gedaen,
Krepel maeckt hem voren aen;
Krepel is een dapper man,
Schoon hy niet, als hincken, kan.
  Is 'et niet een selsaem dingh
Dat een losse jongelingh,
Dat een onbedreven gast,
Die het immers niet en past,

Veeltijts eerst sijn oordeel uyt,
(Schoon het dickmael niet en sluyt)
Eerst van alle dingh gewaeght,
Al en is hy niet gevraeght!
Eerst sal brengen aen den dagh,
Wat hem op de tonge lagh!
  Vraeght 'er iemant hoe dit koomt?
Wijse lieden sijn beschroomt
Dat 'er iet mocht sijn geseyt
Dat niet recht en is beleyt,
Daerom gaense traegh te werck
En al met een diep gemerck;
Maer een geck vol losse waen
Haest sich, en wil voren gaen:
Daerom seyt men noch althans,
„Krepel wil eerst aen den dans.

LE SPORT GUÉRIT TOUT !

Dessin de H. GERBAULT.

— Ma chère doctoresse, je ne sais pas ce que j'ai : je ne me sens pas de jambes.
— Je vois ce que c'est. C'est de l'anémie. Faites du foot-ball, du tennis, de la bicyclette, etc., etc., et vous m'en direz des nouvelles !

1. Sport ist immer gut. Patient: 'Liebe Frau Doktor, ich fühle meine Beine nicht.'
Ärztin: 'Ich sehe schon, was Ihnen fehlt. Treiben Sie Sport und kommen Sie wieder, falls sich neue Beschwerden ergeben sollten.'
Lithographie von H. Gerbault, o. J.

2. Dr. Syntax bei einem Streit in einer Kneipe.
Aquatint von Thomas Rowlandson, The Second Tour of Doctor Syntax in Search of Consolation, London, 1822.

3. 'Sieh mal, ich weiß, daß jetzt das Jahr der Behinderten ist, aber...'
Zeichnung von Heath, Punch, 14. Januar 1981.

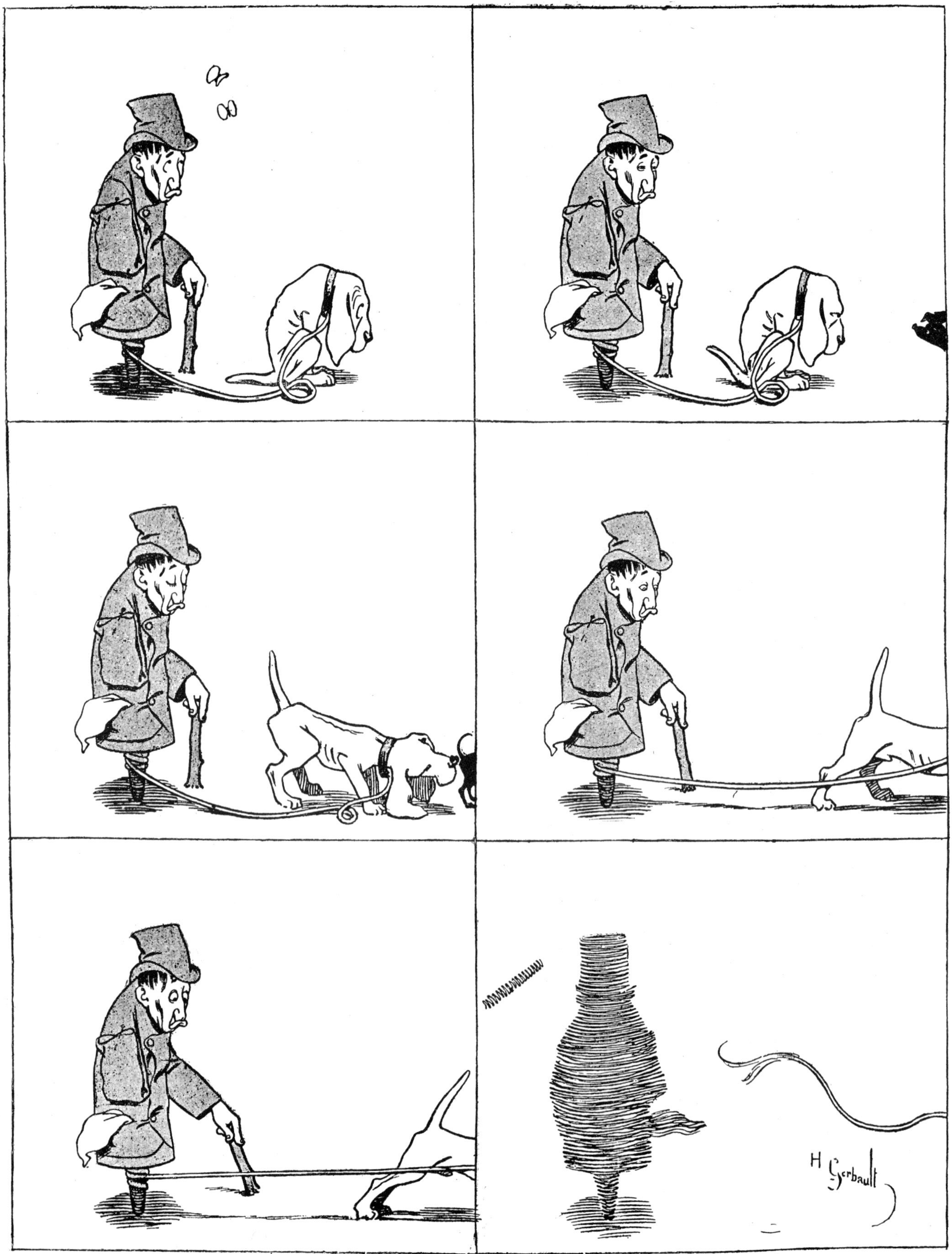

1

1. Der Kreisel.
Zeichnung von H. Gerbault,
Le Sourire, 1908.

2. 'Mach doch nicht so viel Staub!'
Lithographie von Carsten Raven,
Le Pêle Mêle, o. J.

Spott

1. Reklamebild für Kinder in einer Serie von acht Bildern, von einer französischen Firma Ende des 19. Jahrhunderts herausgegeben.

2. Der Blinde. Spaß an der Bestrafung eines Unschuldigen. Lithographie von Th. A. Steinlen, Imagerie Quantin, Paris, o. J.

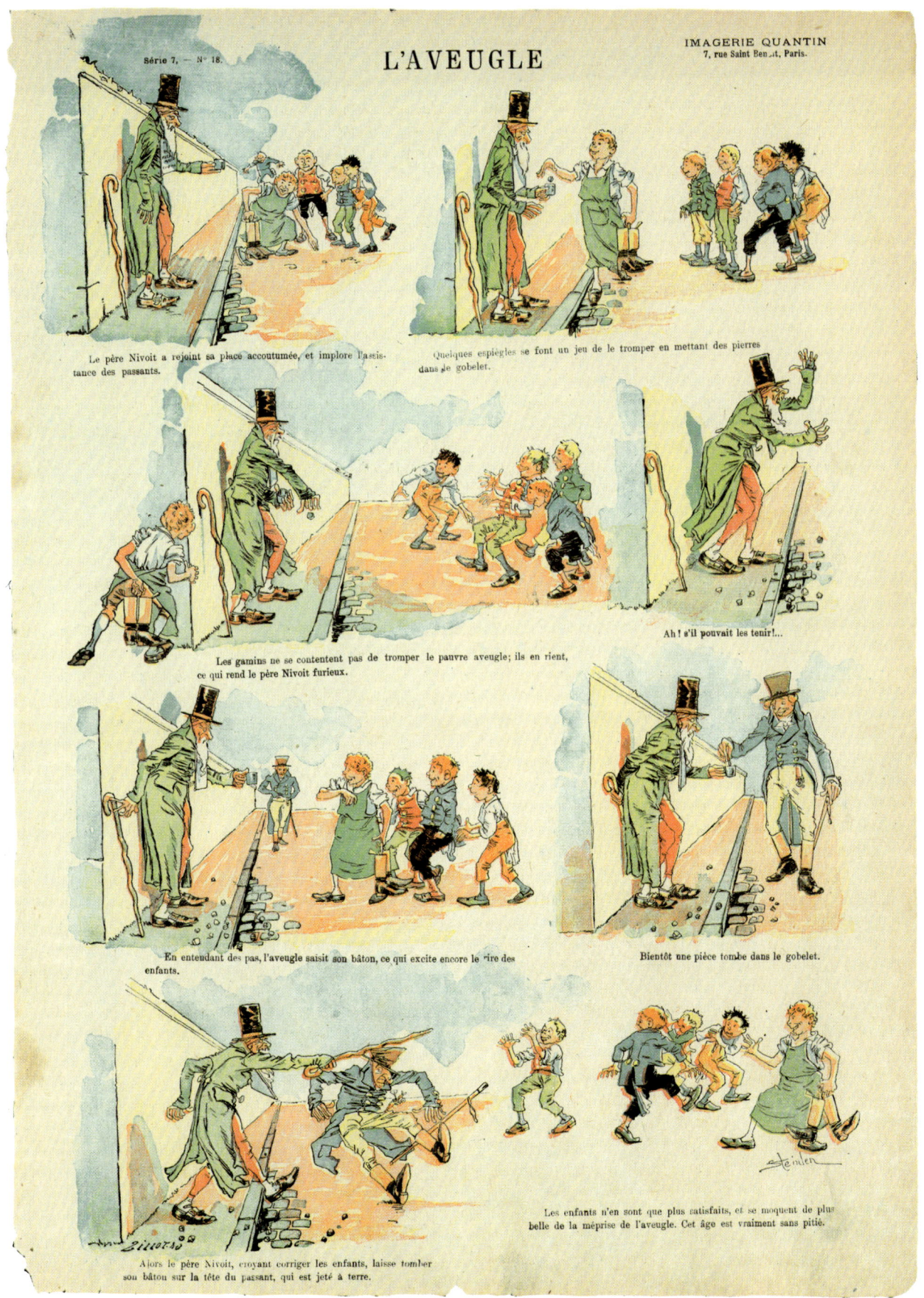

L'AVEUGLE

Série 7. — N° 18.

IMAGERIE QUANTIN
7, rue Saint Benoît, Paris.

Le père Nivoit a rejoint sa place accoutumée, et implore l'assistance des passants.

Quelques espiègles se font un jeu de le tromper en mettant des pierres dans le gobelet.

Les gamins ne se contentent pas de tromper le pauvre aveugle; ils en rient, ce qui rend le père Nivoit furieux.

Ah! s'il pouvait les tenir!...

En entendant des pas, l'aveugle saisit son bâton, ce qui excite encore le rire des enfants.

Bientôt une pièce tombe dans le gobelet.

Alors le père Nivoit, croyant corriger les enfants, laisse tomber son bâton sur la tête du passant, qui est jeté à terre.

Les enfants n'en sont que plus satisfaits, et se moquent de plus belle de la méprise de l'aveugle. Cet âge est vraiment sans pitié.

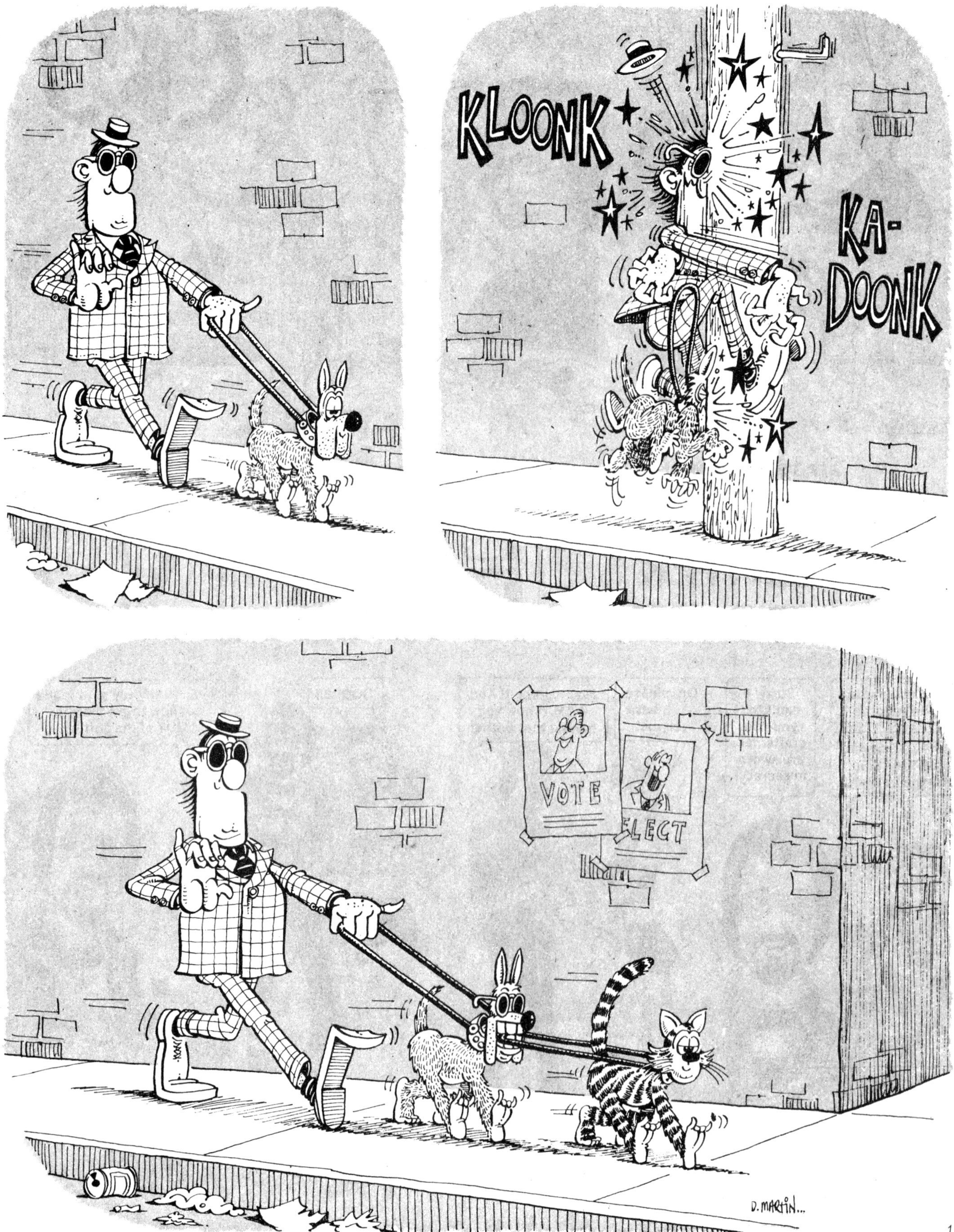
KLOONK
KA-
DOONK
VOTE
ELECT
D. MARTIN...

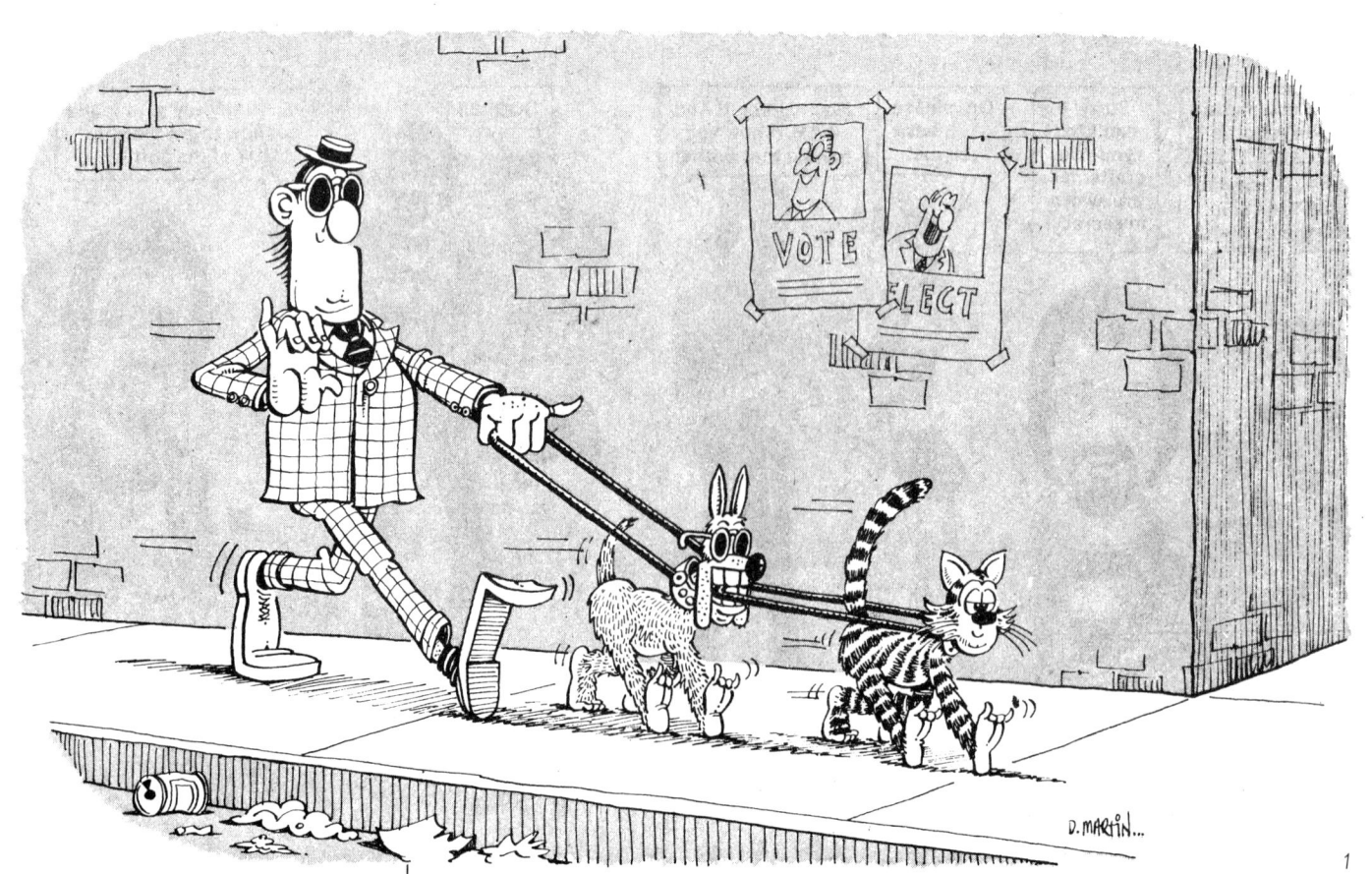

Spott

1. Zeichnung von Don Martin, MAD, März 1976.

2. 'Angeklagter, stehen Sie auf!' Zeichnung von Guill, Le Rire, o.J.

1. 'Da ja alle vor dem Gesetz gleich sind, hätte ich auch Uniform tragen können wie Sie.
Holzschnitt von Draner,
La Nouvelle Vie Militaire, Paris, o. J.

2. Erzieherische Abbildung für Kinder. Der ungezogene Josef wird bestraft.
Editions Gordinne, Lüttich, 1935.

— Puisque tous les Français sont égaux devant la loi, il me semble que j'aurais pu porter l'uniforme comme vous.

ISIDORE LE PERCLUS

Imprimé en France par Georges Lang, 4-1935
Éditions Gordinne, à Liége (Belgique). N° 174

Isidore était cul-de-jatte et avait été recueilli dans une ferme, où il soignait les canards, qu'il aimait beaucoup, car il partageait son pain avec eux.

Le méchant Joseph attacha un jour un morceau de lard à une ficelle et le lança aux canards. Le premier canard le prit et ne le digéra pas... aussi le lard et la ficelle lui passèrent au travers du corps.

Les autres canards firent consécutivement de même et restèrent tenus par la même ficelle. Joseph fit un mors au premier canard et attacha l'autre bout de la ficelle à la charrette d'Isidore qui dormait.

La voiture n'avançait pas. Aussi Joseph attacha le premier canard à la charrette du boucher qui se trouvait là.

Il fouette le cheval qui prend le galop suivi des canards et du chariot dans lequel se trouve le père Isidore qui, effrayé, criait comme un sourd. Les pauvres canards criaient aussi.

Le cheval affolé tombe dans la rivière ; heureusement la corde se brise rendant la liberté aux canards.

Isidore flottait sur l'eau conduit par les canards reconnaissants qui le ramenèrent à la ferme.

Quant au méchant Joseph, il reçut une maîtresse tripotée qui lui ôtera l'envie de recommencer.

Justitita in Verlegenheit.

Seht, da steht das Ungeheuer,
Namens Jakob Niedermaier!
Der, nachdem er früher Schreiber,
Später Mörder ward und Räuber.

Als dies aber aufgekommen,
Hat man ihn in Haft genommen;
Und man faßte den Beschluß,
Daß man Jakob köpfen muß.

Man vergaß jedoch hierbei,
Daß der Jakob bucklig sei;
Und, sieh da, am Hochgericht —
Ach herrjeh! — da ging es nicht.

1. Aus: Kleines Wilhelm Busch Album, Berlin, 1913.

2. Abbildung von Lassalvy, o. J.

Spott

1. Lithographie von Alexander Verhuell, 1860.

2. Zeichnung von Yrrah, Vrij Nederland, 7. August 1976.

3. 'Dame, noch jung und im Besitz eines Wagens, möchte ihr Glück mit dem ersten jungen Mann, den sie sieht, teilen.'
Sie ist blind.
Zeichnung von Lourdey, Supplément Illustré du 'Journal', 1986.

PETITES ANNONCES

DESSINS DE **LOURDEY**

UNE DAME jeune encore, ayant voiture, partagerait sa fortune avec premier joli garçon qu'elle verra.

AVENTURES DE M. MAYEUX. 42.

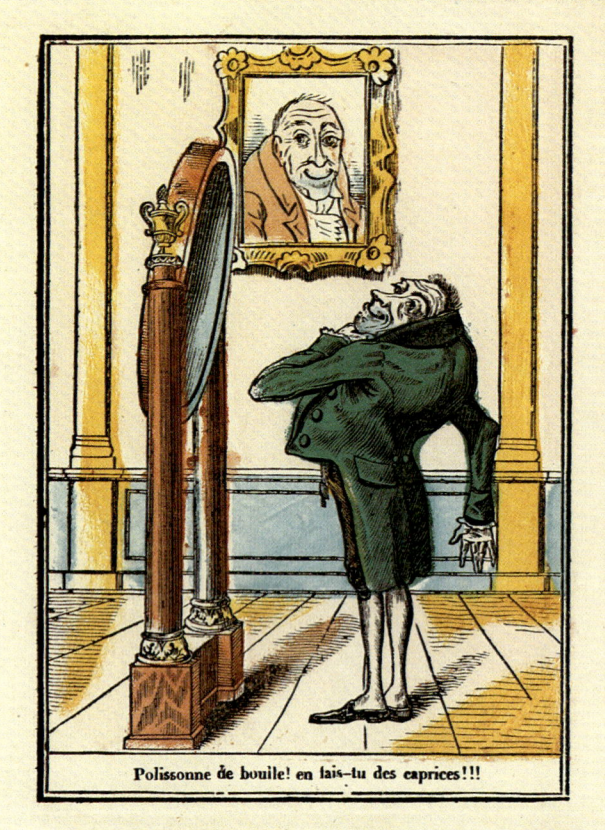

Polissonne de bouile! en fais-tu des caprices!!!

En usez-vous, Madame!

Garçon! des truffes! nom de D...! comme s'il en pleuvait!...

Tonnerre de D...! ma bonne, quand j'ai mangé des truffes je suis féroce comme un tigre, j'ai une tête comme un mulet.

Erotik

1. Die amourösen Abenteuer des Herrn Mayeux.
Kinderbilderbogen, herausgegeben von Dembour und Gangel,
Metz und Paris, 19. Jahrhundert.

2. '...Deshalb habe ich vergebens gefüßelt!'
Lithographie von Emmanuel Barcet,
Le Rire, 1905.

— Suivez, Baptiste!…

AMOUR ET PRINTEMPS

1. Liebe und Frühling.
Zeichnung von Marcel Nob, Le Rire,
o. J.

2. Der Blinde und der Lahme.
Zeichnung, Katholieke Illustratie,
1892/1893.

De blinde en de lamme.

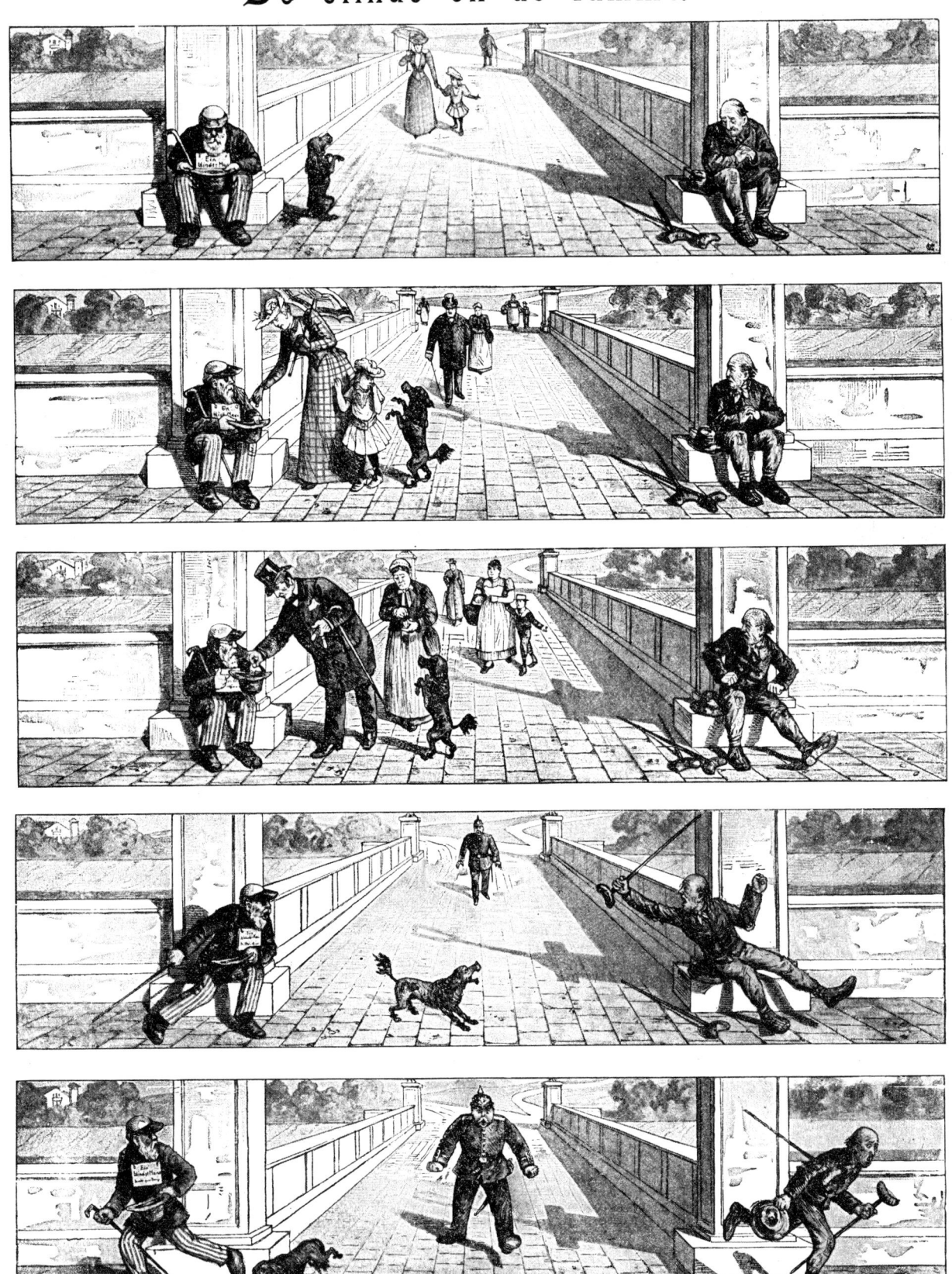

1. Zeichnung von J. B. Engl, Simplicissimus, 1904.

2. 'Noch heute ist die Wunderkraft unseres Wallfahrtsortes nicht erloschen. So manche Lahmen und Krüppelhaften, die denselben besuchen, verlassen ihn wieder gesund und mit geraden Gliedern.'
Zeichnung von Heinrich Zille aus: Mein Milljöh, Neue Bilder aus dem Berliner Leben, 1922.

3. Ein mißtrauischer Arzt ertappt die Betrüger.
Kinderbilderbogen von Imagerie Gordinne, Lüttich, o. J.

„Heite abend is mein Kejelabend, ihr braucht mir nich zu holen, die Karre laff' ick bei'n Budiker un loofe nach Hause."

Der entlarvte Betrüger

LES FAUX INFIRMES

N° 192 Imageries Gordinne, Liège.

IMPRIMÉ EN FRANCE PAR GEORGES LANG. 8-1935

Il était une fois deux francs vauriens qui complotèrent de vivre aux dépens de leur prochain, en usant de toutes les supercheries de voleurs.

Que pourrait leur suggérer leur imagination. Ils feignirent donc d'être infirmes et s'installèrent sur un pont très fréquenté, en tendant la main à tous les passants apitoyés par leur attitude lamentable.

Le public ouvrait facilement la bourse, pour soulager de pareils misères et les affaires des deux complices marchaient bien, tous les jours ils se félicitaient de leur ruse.

Quand, un matin, vint à passer un savant docteur qui, de plus, était un homme perspicace. Aussi flaira-t-il de suite la ruse.

« Pauvres gens, leur dit-il, montrez-moi vos plaies, et peut-être vous guérirai-je. » Celà ne vous coûtera rien et je serai assez payé, si je puis seulement vous soulager.

Inutile, mon bon monsieur, répondirent-ils nous sommes incurables depuis cinq ans ! Nous avons consulté plus de vingt médecins déjà.

Mais le docteur, qui avait de bonnes raisons d'en avoir le cœur net, voulut absolument voir leurs plaies.

Se sentant découverts, les deux faux infirmes se sentirent subitement guéris et prirent vivement la fuite, non sans bousculer le brave médecin.

Mais les soldats de la police n'étaient pas loin. Nos compères furent rattrapés, arrêtés comme des voleurs.

Et conduits en prison, au milieu des rires et des huées de toute la ville. Toujours par quelqu'endroit fourbe se laisse prendre. Tel est pris qui croyait prendre.

ÊTRE ET PARAÎTRE

— Ma bonne dame charitable, priez le ciel qu'il me rende mes pauv' jambes !......

— Diable !...... c'était pas à ce saint-là que je m'étais recommandé.... prenons vite mes quilles et mes béquilles à mon cou !.....

'Beten Sie für mich, gute Frau, daß ich meine Beine wieder gebrauchen kann.'
'Zum Teufel, das ist nicht der richtige Heilige...'
Lithographie von Ch. Vernier,
Le Charivari, 2. August 1856.

4
GESELLSCHAFTLICHE FÜRSORGE

Wohltätigkeit der Bürger
Fürsorge für Kriegsbeschädigte
Fürsorge für Behinderte
Reaktion und Kritik
Hoffnung und Religion

GIL BLAS

SUPPLÉMENT HEBDOMADAIRE DU VENDREDI
GIL BLAS ILLUSTRÉ

LA GLOIRE, par PAUL GINISTY

Wohltätigkeit der Bürger

1. Als er merkte, daß der alte Grenadier nicht mit Napoleon Bonaparte zusammen gekämpft, sondern nur als Kammerbulle in Paris gearbeitet hatte, lief der Spaziergänger enttäuscht weiter. Lithographie von Th. A. Steinlen, Gil Blas Illustré, 2. Oktober 1896.

2. Lithographie von Ch. Vernier, Le Charivari, 2. August 1856.

1. Holzschnitt, Band of Hope Review, 1878.

2. Holzschnitt, Band of Hope Review, Juli 1882.

JOHN GIVING MISS HARDY A RIDE IN HIS HAND-CARRIAGE.

Wohltätigkeit der Bürger

No. 259.   BAND OF HOPE REVIEW.

July, 1889.   GEORGE'S FIRST-FRUITS.   One Halfpenny.

November, 1882. FREDDY AND THE FLOWERS: OR, HOW NELLIE THE CRIPPLE WAS MADE GLAD. One Halfpenny.

BRONBEEK.

Lith. Emrik & Binger

1. Holzschnitt, Band of Hope Review, November 1882.

2. Bronbeek, das Invalidenhaus der königlichen Kolonialarmee in Arnheim.
Zeichnung von Emrik & Binger, o. J.

1. Der neue Kamerad.
Stich von Eugen Doby nach einem
Gemälde von Friedr. Friedländer,
im Besitz der Akademie für
Bildende Künste in Wien, o. J.

2. Am 15. August, dem
Geburtstag von Napoleon
Bonaparte, legten die Veteranen
die St. Helena-Orden an.
Lithographie von H. Meyer, Le Petit
Journal, Supplément Illustré,
22. August 1891.

Deuxième Année — SAMEDI 22 AOUT 1891 — Numéro 39

Le 15 Août autrefois
(LES MÉDAILLÉS DE SAINTE-HÉLÈNE)

148 | Fürsorge für Kriegsbeschädigte

1

1. Jeu de boules.
Lithographie von A. Collette nach einem Gemälde von Emile de Frenne, Archiv L. J. C. D. Mol zu Den Haag, o.J.

2. Das Hôtel des Invalides in Paris, in dem 1913 nur noch 17 pensionierte Militärs wohnten. Lithographie, Le Petit Journal, Supplément Illustré, 23. November 1913.

Fürsorge für Kriegsbeschädigte

LA FIN D'UNE GLORIEUSE INSTITUTION
L'Hôtel des Invalides n'abrite plus que dix-sept pensionnaires

Beschouw, ô Jeugd! deez' Print; lach vrij bij deeze Plaat, Maar leés aandachtig ook het geen 'er onder staat.

KWAKZALVER JURGEN staat hier afgebeeld naar 't leven;
Om dieftal, uit zijn land verbannen en verdreven,
Bedriegt hij hier nu 't Volk, dat, dwaas en los van hoofd,
Zijne ijdle fnoeverij en zot gezwets gelooft.
Zie hem, met zijn Hansworst, zijn muffe waren venten,
Vertoonende aan het volk, hoe zijn Medicamenten,
Door groote Vorsten en Geleerden zijn geroemd,
Die hij, al liegende, maar bij dozijnen noemt.
Een brief op perkament, als aan een Hof geschreven,
Wordt door Hansworst met zwier daar in de lucht verheven.
Wijl JURGENS vrouw, Mevrouw geheten, bij hem staat,
Het oog van 't volk verblindt door prachtig zot, gewaad;
En de Aap, om de aandacht van de Kijkers te vergrooten,
Met een klisteerspuit zit te prijken in zijn pooten:
Bedenkt flechts, Kinderen! indien die trotsche vent
Voor zoo bekwaam een man stond in zijn land bekend,
Dan had hij zeker niet, op markten en op hoeken
Van straten, in dit land, zijn brood dus moeten zoeken.

Ziet, echter, hoe het volk, van allerhande soort,
Naar dat theater loopt en naar dien pochhans hoort;
Maar, dat nog erger is, zich dwaaslijk laat bewegen,
Om over ziekte en pijn dien Zotskap raad te plegen,
Zelfs medicijnen koopt, vergiften in haar soort.
Wat scheelt her aan een' schelm, of hij een mensch vermoordt:
Ja ook die Oliekoop, die, door den nijd gedreven,
Heer JURGEN schuins begluurt, is een van JURGENS neven;
Een Gaauwdief insgelijks, naar algemeen gerucht,
Ook in zijn land 't schavot ter naauwernood ontvlucht.
Die vent'zijn' waren ook, om voor die flechte prullen,
Tot schaê van 't Algemeen, zijn maagre beurs te vullen;
Wacht, Kindren, wacht u dan in het vervolg van tijd,
Als gij volwassen en uw eigen meester zijt,
Voor zulk geboefte, dat, ontbloot van kundigheden,
Tot schande van een land, wordt in een land geleden;
Dien, wat onnozelen ook van zijn' kunst vermoên,
't Alleen maar om het geld der Burgers is te doen.

Te Amsterdam, bij J. BOUWER, op de Roozegraft, zuid-zijde, in de Bijbel-drukkerije.

1 | Fürsorge für Behinderte

1. Scharlatan Jürgen und Ehefrau, als Druck von der Gesellschaft zum Nutzen der Allgemeinheit herausgegeben, 1786.
'Was Einfältige auch unter seiner Kunst verstehen, allein um das Geld der Bürger soll es ihm gehen.'
Archiv Atlas van Stolk, Rotterdam.

2. Das Friedrichsbad in Baden-Baden war für Männer bestimmt; die Frauen suchten ihr Glück im Kaiserin Augusta-Bad.
Lithographie, Het Leeskabinet, Red. Johan Gram etc., Leiden, 1900.

3. Mediziner kennen keine Grenzen.
'Mich wegen eines Schnupfens aufzuscheuchen!'
Hara Kiri, April 1980.

152 | Fürsorge für Behinderte

1. *Der heilige Baum im Kurort Karlsbad.*
Zeichnung von J. Koppay, Moderne Kunst, o. J.

2. *Dem Arzt gebührt alle Ehre.*
Lithographie von H. Meyer, Le Petit Journal, Supplément Illustré, 20. November 1898.

Fürsorge für Behinderte

A L'HOPITAL DE LA CHARITÉ
Hommage patriotique au docteur Gouraud

154 | Reaktion und Kritik

Hoffnung und Religion

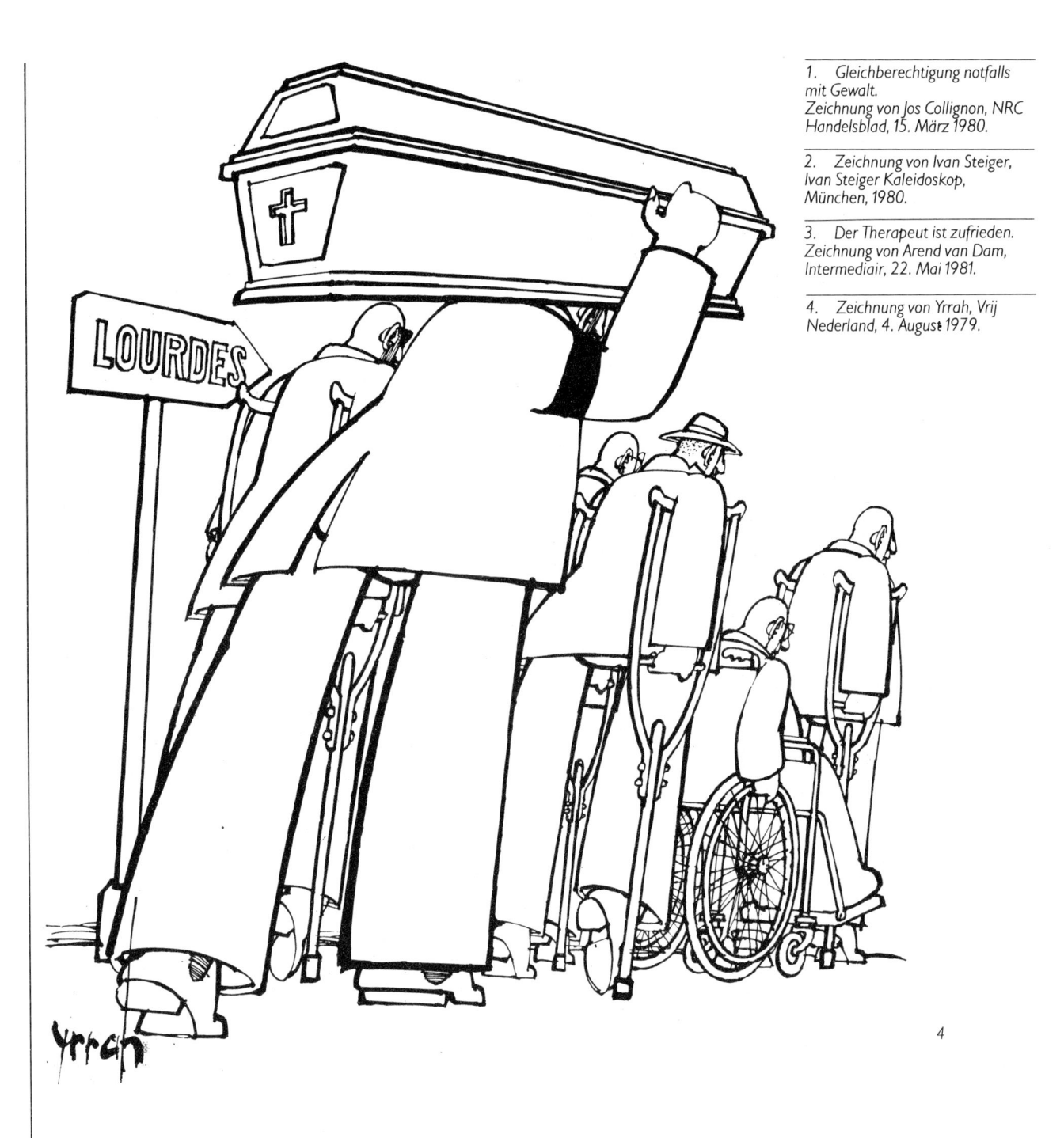

1. *Gleichberechtigung notfalls mit Gewalt.*
Zeichnung von Jos Collignon, NRC Handelsblad, 15. März 1980.

2. Zeichnung von Ivan Steiger, Ivan Steiger Kaleidoskop, München, 1980.

3. *Der Therapeut ist zufrieden.* Zeichnung von Arend van Dam, Intermediair, 22. Mai 1981.

4. Zeichnung von Yrrah, Vrij Nederland, 4. August 1979.

156 | *Hoffnung und Religion*

1. 'Es ist dir besser, daß du zum Leben lahm oder als ein Krüppel eingehest, als daß du zwei Hände oder zwei Füße habest und werdest in das ewige Feuer geworfen.'
Matthäus 18, 8.
Radierung von Jan Luiken, um 1710.

2. Not macht demütig...
Kupferstich, 17. Jahrhundert.

3. Die katholische Kirche in der Haarlemmerstraat in Leiden. Lithographie von P. W. M. Trap nach einer Zeichnung von G. J. Bos, 1875.

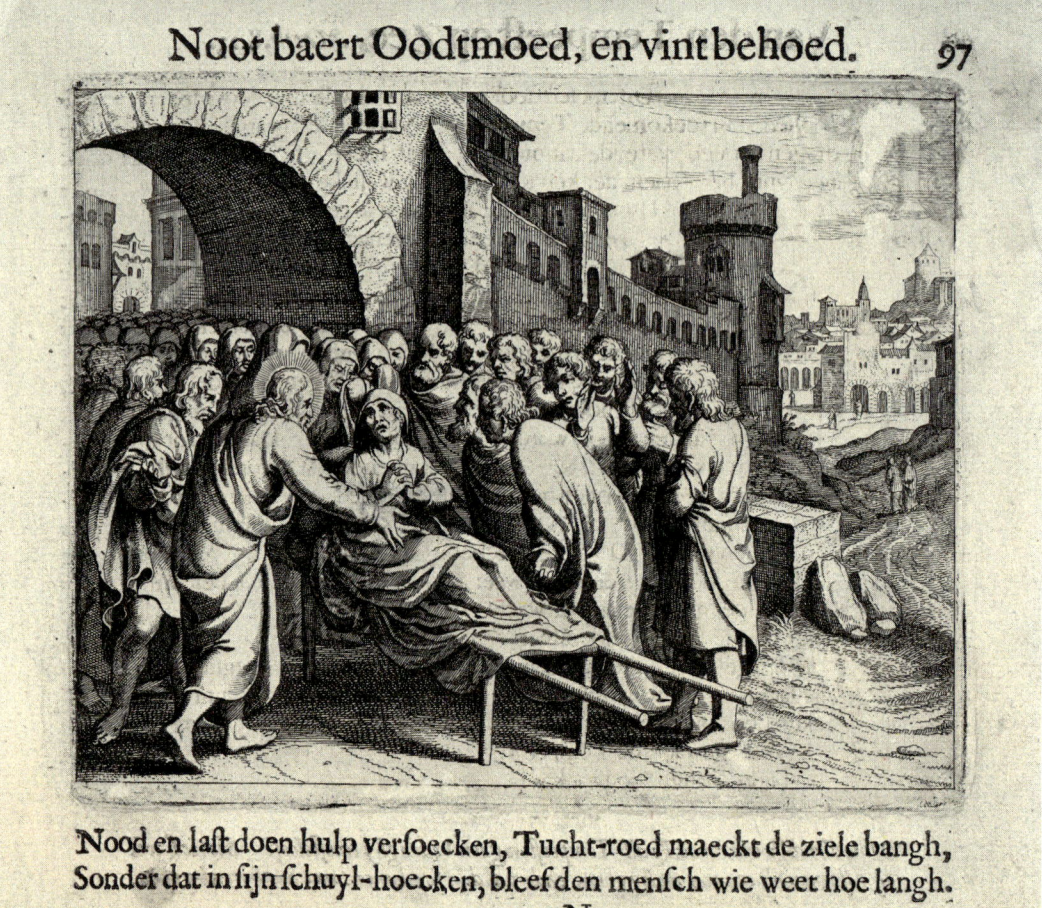

Hoffnung und Religion

3

Hoffnung und Religion

Hoffnung und Religion

Lourdes.
Allegorie von Th. A. Steinlen,
Gil Blas Illustré, o. J.

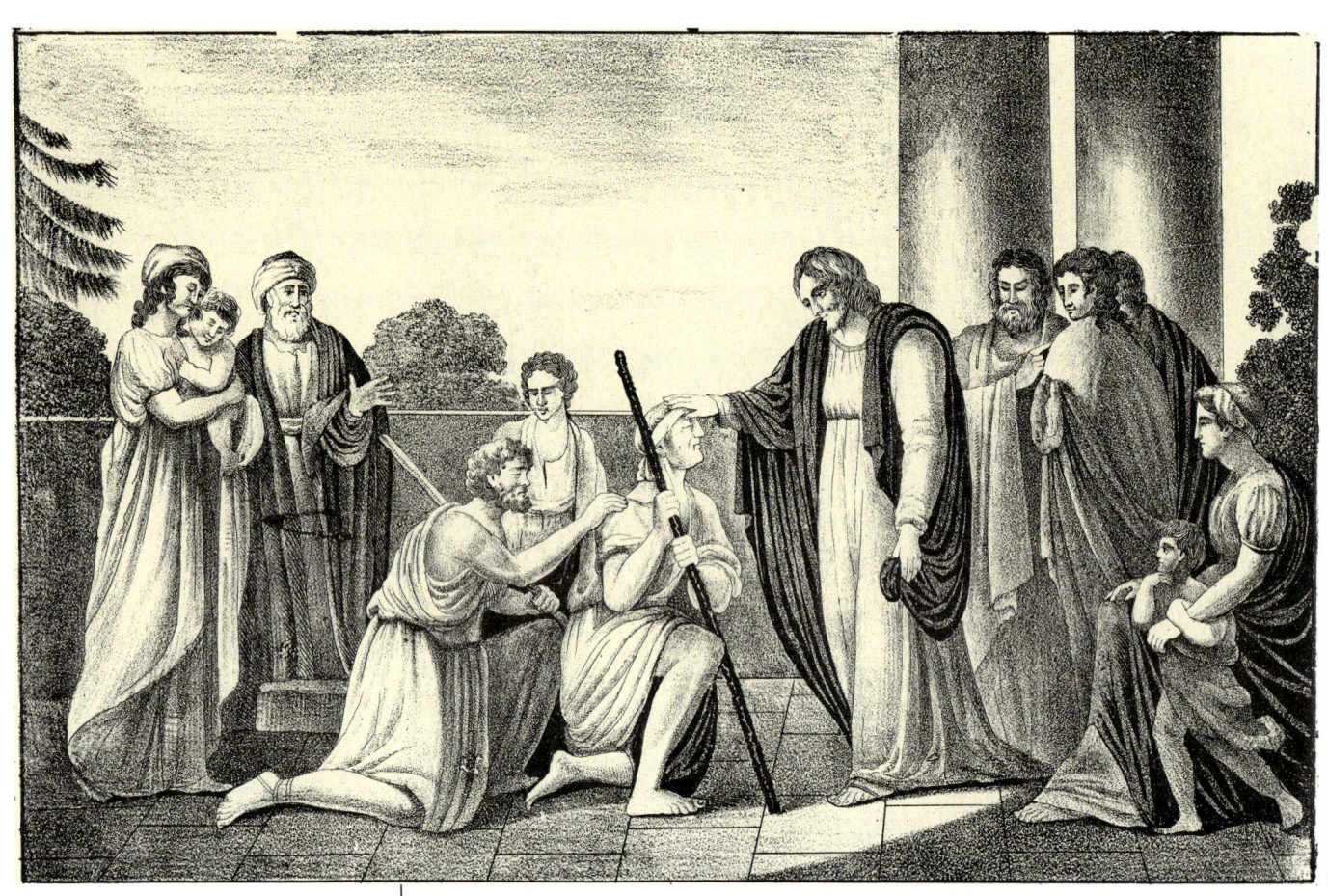

1. Heilung der Blinden.
Lithographie von Tels und Gebr. Gazan, Rotterdam, o. J.

2. In einigen Ortschaften in der Veluwe, Holland, wo man sich aus religiösen Gründen weigert, an der Impfung gegen Kinderlähmung teilzunehmen, ist eine kleine Epidemie ausgebrochen.
'Das Buch als Waffe' von Koos van Weringh, Amsterdam, 1980.
Zeichnung von Peter van Straaten, Vrij Nederland, 15. Juli 1978.

3. An einem Nachmittag in Lourdes.
Zeichnung von Don Martin, MAD, Dezember 1977.

Hoffnung und Religion

ONE AFTERNOON IN DOWNTOWN LOURDES

162 | Hoffnung und Religion

1. Jesus heilt den Blinden. Holzschnitt nach einer Skulptur von J. D. Crittenden, The London Illustrated News, 31. August 1872.

2. Der Gichtbrüchige. Stahlstich nach einem Gemälde von Van Dijk, o.J.

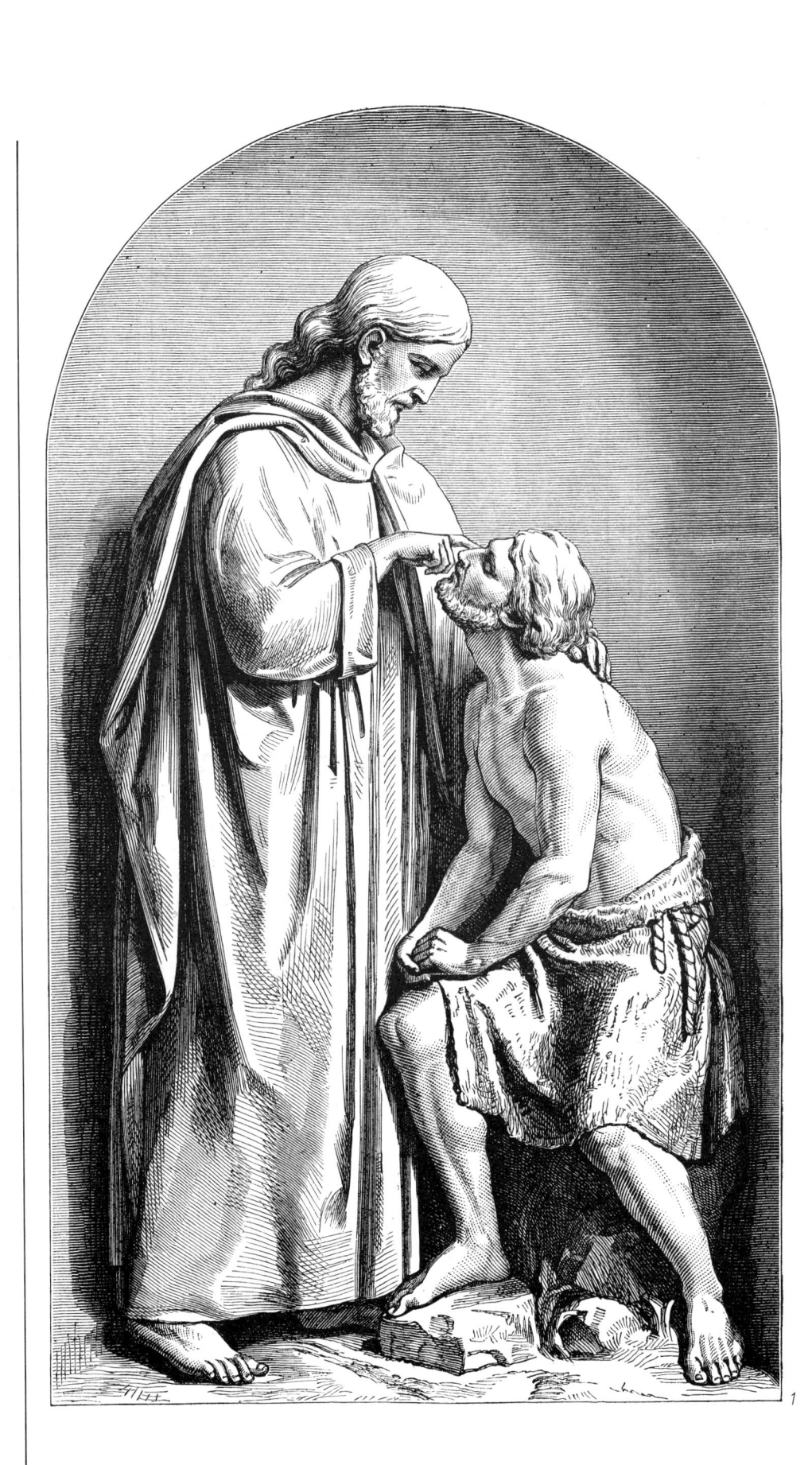

Hoffnung und Religion

5
EINGLIEDERUNG IN DIE GESELLSCHAFT

Gesellschaftliche Aufgeschlossenheit für Behinderte
Technische Entwicklung, bessere Hilfsmittel
Aktionen zur Durchsetzung von Rechten

1. Zeichnung von Stefan Verwey, De Volkskrant, 19. April 1979.

2. Zeichnung von Dwaine Tinsley, Hustler Magazine Inc. 1979.

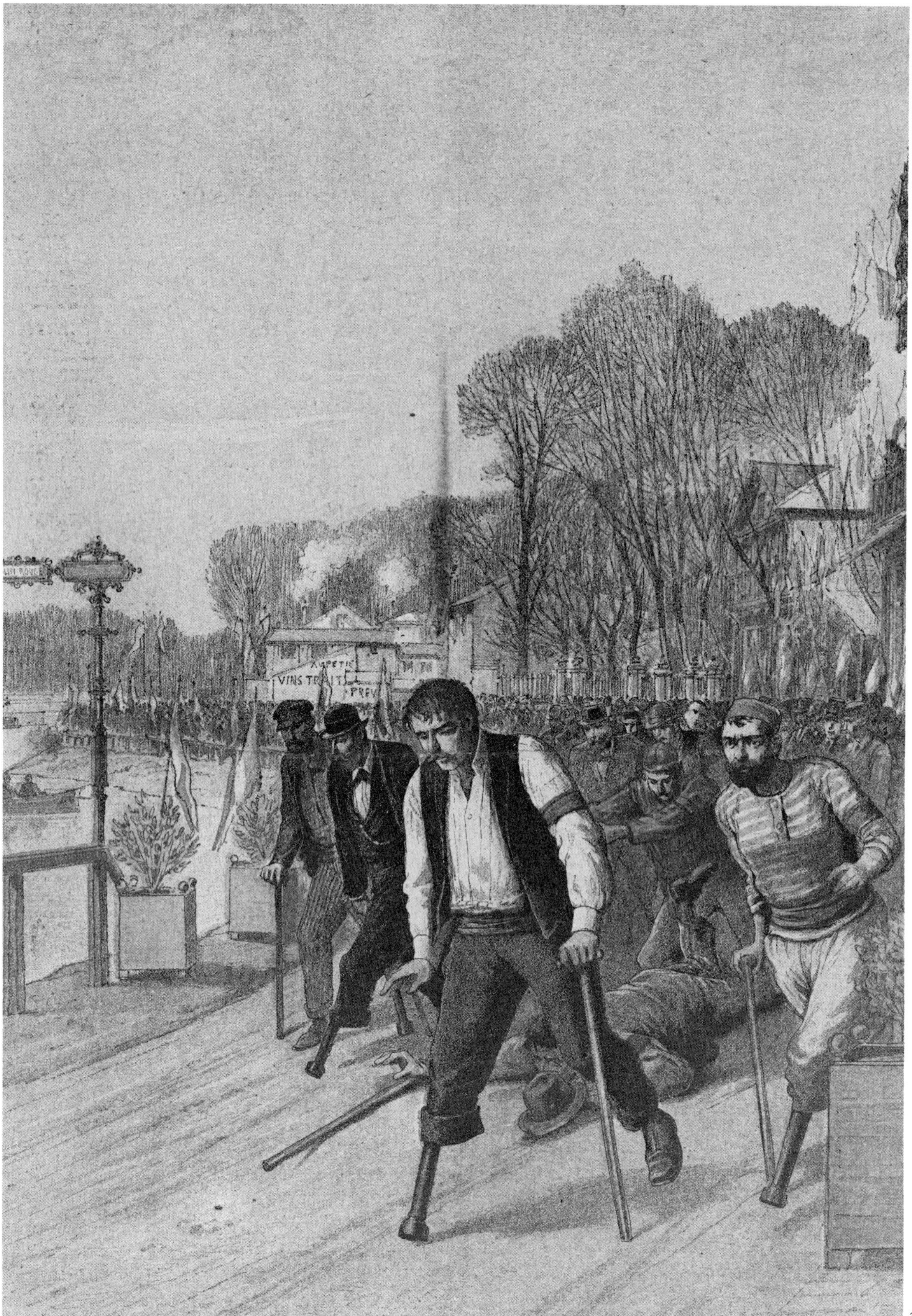

1

Gesellschaftliche Aufgeschlossenheit

1. Wettlauf für Menschen mit einem Holzbein bei Paris. Lithographie von H. Meyer, Petit Journal, Supplément Illustré, 1897.

2. Zeichnung von JYH, Le Monde Dimanche, Mai 1980.

3. Zeichnung in Trouw, 16. Januar 1976.

1. Zeichnung, Trouw Kwartet, 15. Februar 1978.

2. Zeichnung von Mirjam Harten, Arnhemse Courant, 10. Januar 1981.

3. Zeichnung von Beck, Die Zeit, 26. Dezember 1980.

4. Zeichnung von Yrrah, Amsterdam, 1973.

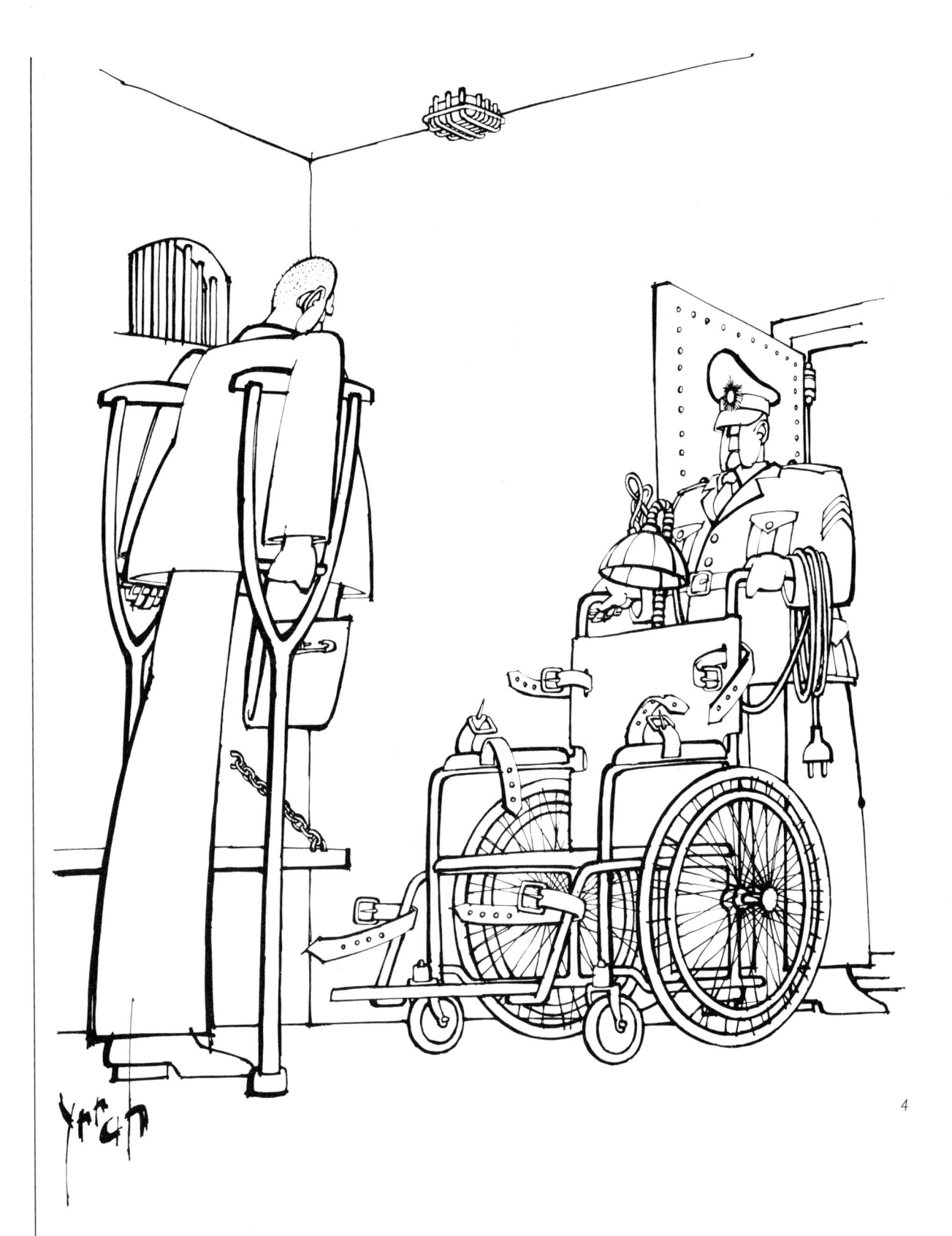

Technische Entwicklung

170 | Technische Entwicklung

1. Nicht alle technischen Hilfsmittel sind brauchbar. Zeichnung von Giraud, Marius, 30. Juni – 5. August 1981.

2. Zeichnung von Stefan Verwey, De Volkskrant, 8. Februar 1979.

3. Ein Spezialhilfsmittel. Englische Zeichnung, Anfang 19. Jahrhundert.

4. Kampf um eine Rente.
'Und warum bekommen wir noch keine Rente?'
'Weil im Parlement zu viele Christliche und zu wenige Christen sitzen.'
Zeichnung von Albert Hahn, De Notenkraker, 8. Juni 1918.

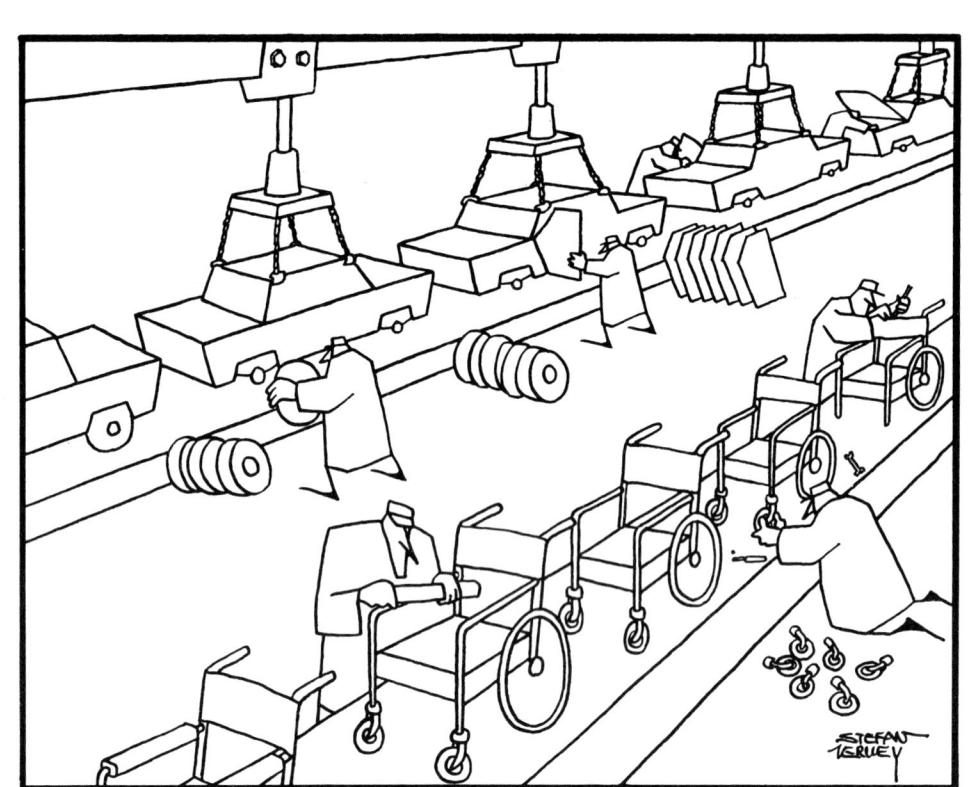

OUD EN ARM.

— „En waarom krijgen wij nog geen staatspensioen?"
— „Omdat er in de Eerste Kamer te veel christelijken en te weinig christenen zitten."

De armen gaan voor.

MEVROUW! U kondigt in uw Troonrede ontwerpen aan voor de Volkshuisvesting en voor Beperking van arbeidsduur. Dat waa[rdeeren] wij zeer, Mevrouw! Maar we zouden u wel met vrijmoedigheid willen vragen: "Laat de armen toch voor gaan." **Wij** s[taan] **Zij** .... lijden, reeds **veertig** jaar.

Bijvoegsel van de „AMSTERDAMSCHE COURANT" van Vrijdag 7 October '98.

1. Hilfsbereite Menschen treten bei der Königin für die Armen ein.
Lithographie von J. Geldorp, Beilage 'Amsterdamsche Courant', 7. Oktober 1898.

2. 'Die Wirtschaft mal etwas ankurbeln'.
Zeichnung von Willemen, Interval, 1980.

174 | Durchsetzung von Rechten

1. Touristen am Hartmannsweilerkopf, einem Schlachtfeld des Ersten Weltkrieges.
'Sag mal Vater, sie haben wohl zuviel davon!'
Französische Lithographie, Anfang 20. Jahrhundert.

2. Eine halbe Million für ein Luftschiff, aber keinen Pfennig für einen Unglücklichen.
Lithographie von Markous,
Le Sourire, 15. Februar 1908.

A l'Hartmanns-villerkopf, des touristes ont dansé au son d'un accordéon.
(Les Journaux.)

— Dis donc, papa... pourvu qu'ils en aient de trop!...

Le Sourire

— Malheur! Ça se paye des ballons de 500,000 francs, pour ne pas donner un sou à un malheureux!...

Dessin de **Markous**

d'Arnaud, J. C., *82*
Baker, B., *112*
Balluriau, P., *29, 84*
Baptiste, S., *90*
Barcet, E., *133*
Baseilhac., J., *79*
Beck, *168*
Blanas, *58*
Bles, D., *59*
Bombled, K. F., *56*
Bottema, Tj., *83*
Bremden, D. van den, *51*
Busch, *128*
Castelli, *49*
Charlet, *70 (3x)*
Charly, J., *114/115*
Collette, A., *148*
Collignon, J., *154*
Crittenden, J. D., *162*
Dam, A. van, *154*
Devine, M., *10*
Doby, E., *146*
Draner, *126*
Du Casse, *95*
Ducornet, C., *94*
Durand, G., *36*
Dijk, van, *163*
Engelmann, *90*
Engl, J. B., *136*
Frenne, E. de, *148*
Friedländer, F., *146*
Gavarni, P., *44*
Gayher-Hotelin, *76*
Geldorp, *172*
Gerbault, H., *118, 120*
Giraud, *170*
Goeree, J., *63*
Grévin, A., *85*
Grimm, S. H., *77*
Guill, *125*
Guzzardi, *100*
Hahn, A., *171*
Harrison, *95*
Harten, M., *168*
Heath, *119*
Heidelbach, N., *88*
Heine, Th. Th., *35*
Hellé, A., *39*
Hogarth, W., *72/73*
Israëls, I., *45*
Job, *96*
JYH, *167*
Katzler, D., *88*
Kauffman, P., *108*
Kikkert, P., *104*
Koppay, J., *152*
Lassalvy, *129*
Last, C. C. A., *94*
Legros, A., *81*
Lengo, S., *47*
Lix, F., *60*
Lourdey, *131*
Luiken, J., *156*
Machereau, *107*
Maître, T. M. le, *77*
Mare, J. de, *80*
Markous, *175*

Martin, D., *124, 161*
Matham, J., *116/117*
Mathias, *37*
Meer, N. van der, *64*
Meunier, *2/3*
Meyer, H., *102, 106, 147, 153, 166*
Mosses, *103*
Nob, M., *134*
Oortman, *150*
Paul, B., *38*
Paul Weber, A., *41*
Rabier, B., *98, 99, 111*
Radler, M., *97*
Raven, C., *121*
Rengade, J., *46*
Rivalta, P., *66*
Roubille, A., *34*
Rowlandson, Th., *119*
Schilling, E., *37*
Sletéh, A., *55*
Smeeton, *76*
Steiger, I., *154*
Steinlen, Th. A., *68, 123, 140, 158*
Straaten, P. van, *160*
Tayler, F., *86*
Tels, *160*
Tenkate, H., *82*
Tinsley, D., *165*
Trap, P. W. M., *74, 157*
Verhuell, A., *48, 49, 54, 69, 130*
Vernier, Ch., *138, 141*
Verwey, S., *48, 54, 165, 170*
Villain, *107*
Willemen, *173*
Wit, T. de, *89*
Yrrah, *40, 57, 109, 130, 155, 169*
Zehl, *87*
Zille, H., *91, 136*